破茧而出

新时代大学生职业生涯教育

研究

王军华 解丹阳 张莎 ◎ 著

图书在版编目(CIP)数据

破茧而出：新时代大学生职业生涯教育研究／王军华，解丹阳，张莎著. -- 上海：立信会计出版社，2025. 1. -- ISBN 978-7-5429-7870-7

Ⅰ. G647.38

中国国家版本馆 CIP 数据核字第 2025BY8987 号

责任编辑　　张翠芳
助理编辑　　谢朋谕
美术编辑　　北京任燕飞工作室

破茧而出：新时代大学生职业生涯教育研究
POJIANERCHU XINSHIDAI DAXUESHENG ZHIYE SHENGYA JIAOYU YANJIU

出版发行	立信会计出版社
地　　址	上海市中山西路 2230 号　　邮政编码　200235
电　　话	(021)64411389　　传　　真　(021)64411325
网　　址	www.lixinaph.com　　电子邮箱　lixinaph2019@126.com
网上书店	http://lixin.jd.com　　http://lxkjcbs.tmall.com
经　　销	各地新华书店
印　　刷	常熟市人民印刷有限公司
开　　本	710 毫米×1000 毫米　　1/16
印　　张	16
字　　数	153 千字
版　　次	2025 年 1 月第 1 版
印　　次	2025 年 1 月第 1 次
书　　号	ISBN 978-7-5429-7870-7/G
定　　价	79.00 元

如有印订差错，请与本社联系调换

破茧而出，有业乐业
（代序）

在这个日新月异的时代，知识与技能的更新速度超乎想象，大学生作为未来社会的中坚力量和希望的承载者，正站在人生的十字路口，面对前所未有的挑战与机遇。大学生就业和职业生涯发展已不再仅仅是个人选择的问题，而是关乎国家发展与社会稳定的重要课题。

教育是国之大计、党之大计，教育兴则国家兴，教育强则国家强。教育事业是党的事业的重要组成部分，肩负着为党育人、为国育才的重大使命。习近平总书记强调，培养什么人、怎样培养人、为谁培养人是教育的根本问题，也是建设教育强国的核心课题。当前，世界百年未有之大变局加速演进，广大学生成长的外部环境发生了重大变化。针对新形势、新要求，不断完善落实立德树人根本任务、促进学生全面发展的体制机制，努力培养更多让党放心、爱国奉献、能担当民族复兴重任的时代新人具有深远意义。

本书正是在这一背景下应运而生的，它旨在深入探讨新时代背景下如何以职业生涯教育为导航,指引、发掘并释放大学生自我适应、内在驱动的就业潜力,激发大学生对职业发展和生命成长的追求,促进他们的高质量就业和生涯发展。本书从多维度全面而深入地探讨了当前大学生就业面临的冲击与挑战、国际视野下职业生涯教育的理论与实践、国内职业生涯教育发展的历史与现状、大学生就业选择的群像与个案、职业生涯理念的革新与再构、大学生就业问题的解决路径与方案、职业生涯教育的核心与使命。本书不仅是对当前职业生涯教育理论与实践的一次系统梳理与总结,更是结合新时代推进中国式现代化的现实要求,也是对未来大学生职业生涯教育发展方向的一次前瞻性探索。

"破茧而出",这一富有象征意义的词汇,恰如大学生在就业道路上的心路历程。在求学的岁月里,他们如同蚕蛹般汲取知识、磨砺意志,只为那一刻的华丽蜕变。然而,当真正步入社会,面对复杂多变的就业市场时,许多大学生却感到迷茫与无助,仿佛被一层无形的茧壳所束缚。本书为广大学子提供了一盏指引前行道路的明灯,帮助这些年轻人找到那把开启茧壳的钥匙,勇敢地迈出那一步,实现自我价值的飞跃。

我相信,每一个困境都是成长的契机,每一次挑战都是自我超越的阶梯。在困境中奋起,在挑战中成长,最终实现"有业乐业"的职业梦想,这需要年轻人勇于面对困难、坚定信念、不懈努力。

总之,本书不仅是一本关于就业指导的书籍,更是一本关于成长发展的启示录。每一位即将步入社会的大学生都能从中汲取力量与智慧，勇敢地破茧而出，迎接属于自己的辉煌未来。同时，本书也可为政府、企业、高校及社会关注职业生涯教育的人士提供有益的参考与启示，共同推动我国职业生涯教育事业的繁荣发展，为培养更多高素质、高技能、高责任感的时代新人贡献力量！

身为一名耕耘三尺讲台与翻阅会计账簿三十余载的双栖旅者，我始终心系大学生的生涯发展和启蒙教育。受中华人民共和国教育部委任，我有幸成为全国普通高校毕业生就业创业指导委员会专家，致力于为毕业生搭建职业成长的平台和桥梁。今日，得见本书初稿，我欣然提笔为此佳作作序，并向广大读者诚挚推荐此书，相信它能成为广大学子职业生涯启航的宝贵指南。

立信会计师事务所党委书记、董事长、首席合伙人
全国普通高校毕业生就业创业指导委员会专家

2024 年 11 月

目 录

第一章 就业革命：打破大学生职业生涯教育发展之茧 …… 1

一、新时代呼唤职业生涯教育的转型 …… 2
 （一）科技浪潮带来新的机遇与挑战 …… 2
 （二）职业生涯教育的必然转向 …… 3

二、终身学习与职业生涯教育的协同进化 …… 5
 （一）终身教育的理念与学习型社会的变革 …… 5
 （二）终身学习与职业生涯教育相互促进 …… 7

三、职业生涯教育的"破茧"之路 …… 9
 （一）我国职业生涯教育的现状 …… 9
 （二）职业生涯教育的变革需要 …… 10

第二章 他山之石：职业生涯教育的理论与实践 …… 13

一、职业生涯教育概述 …… 14
 （一）生涯的概念与内涵 …… 14

（二）职业生涯教育内涵的演进 …………………… 18
　　（三）职业生涯教育实践的国际比较 ………………… 21
二、职业生涯教育理论综述 …………………………… 25
　　（一）职业选择理论 …………………………………… 25
　　（二）生涯发展理论 …………………………………… 30
　　（三）生涯决策理论 …………………………………… 36
　　（四）生涯建构理论 …………………………………… 41

第三章　国内探索：我国职业生涯教育的历史与新时代内涵 …………………………………………………… 45

一、我国职业生涯教育的历史发展脉络回顾 ………… 46
　　（一）职业生涯教育初生时期 ………………………… 46
　　（二）职业生涯教育混沌时期 ………………………… 47
　　（三）职业生涯教育唤醒时期 ………………………… 48
　　（四）职业生涯教育呐喊时期 ………………………… 49
二、我国职业生涯教育实践的主要方式 ……………… 50
　　（一）补偿式学历教育 ………………………………… 51
　　（二）以职业能力提升为重心的职业培训 …………… 52
　　（三）以老年教育为主的社区教育 …………………… 54
　　（四）以大学生为主要受众的职业咨询 ……………… 56
三、新时代的大学生职业生涯教育内涵 ……………… 57
　　（一）新时代大学生高质量就业的价值 ……………… 58

（二）新时代大学生生涯发展的内在逻辑 …………… 60

（三）新时代大学生生涯发展的关键动力 …………… 61

（四）新时代大学生生涯发展面临的挑战 …………… 64

（五）新时代提升大学生职业生涯教育质量的路径

选择 ………………………………………………… 71

第四章 实证研究：来自上海市部分高校的问卷和访谈

调研分析 …………………………………………… 79

一、相关概念界定 ……………………………………… 80

（一）"慢就业"毕业生的操作性定义 ……………… 80

（二）"慢就业"的分析指标 ………………………… 80

（三）"慢就业"的成因分类 ………………………… 81

二、问卷调研分析 ……………………………………… 83

（一）研究设计及基本情况 …………………………… 83

（二）针对"慢就业"毕业生的问卷分析 …………… 86

（三）针对全体毕业生的问卷分析 …………………… 103

（四）针对全体高校学生、高校教师、用人单位的

问卷分析 …………………………………………… 106

三、访谈调研分析 ……………………………………… 118

（一）研究设计及基本情况 …………………………… 118

（二）针对"慢就业"毕业生的访谈分析 …………… 119

（三）针对高校教师的访谈分析 ……………………… 131

第五章 理念重构：面向未来的职业生涯教育 ············ 135

一、关注自驱力：从社会定制走向自我人生设计 ······ 136
（一）关注个体的主体性 ···························· 136
（二）关注个体的生涯理想 ························ 139
（三）关注个体的人生价值取向 ···················· 140

二、强调终身性：从定时定点学习走向泛在学习 ······ 140
（一）终身学习的特征要义 ························ 141
（二）终身学习理念对个体的要求 ·················· 142

三、重视适应性：从人职匹配走向无边界职业生涯 ······ 148
（一）强调自我成就感的易变性职业生涯 ············ 149
（二）关注胜任力的无边界职业生涯 ················ 150
（三）平衡工作与家庭关系 ························ 151

第六章 路径探索：新时代职业生涯教育的整体设计
·· 153

一、生涯发展的阶段化教育路径构建 ·················· 154
（一）职业建立期：以角色定位和身份认同为主导
·· 154
（二）职业稳定期：以专业能力提升和事业理想激励
为重心 ···································· 161
（三）职业隐退期：以个人愿望及自主选择为前提
·· 163

二、职业生涯教育的支持系统 …………………… 164
　（一）专业化的生涯教育机构与团队 …………… 165
　（二）全程化、常态化的质量标准 ……………… 167
　（三）立体的保障机制与体制 …………………… 169
三、个体生涯发展行动方案建议 …………………… 178
　（一）学会自我人生规划与管理 ………………… 178
　（二）发展伙伴协作关系 ………………………… 189
　（三）充分利用各种资源和信息手段 …………… 193

第七章　焕发新生：新时代中国式职业生涯教育 ……… 197
一、构建适合我国国情的新时代职业生涯教育模式
　………………………………………………………… 198
二、以新理念直面新时代职业生涯教育的挑战 ……… 199
　（一）适应本土文化与社会需求 ………………… 200
　（二）提升国内教育与教学实效 ………………… 201
　（三）培养社会责任与综合素质 ………………… 202
三、打造新时代中国式职业生涯教育理论体系 ……… 202
　（一）价值内核 …………………………………… 203
　（二）构建原则 …………………………………… 204
　（三）基本特点 …………………………………… 205
四、"多方联动"全面引领职业生涯教育未来 ……… 206
　（一）建立规范有效的课程管理机制 …………… 206

（二）建立专兼结合的师资队伍培养机制 …………… 207

（三）建立高质量的生涯活动参与机制 ……………… 207

（四）建立生涯成长的评估反馈机制 ………………… 208

（五）打造"家校共育"的协同育人机制 …………… 208

主要参考文献 …………………………………………… 210

附录 ……………………………………………………… 219

后记 ……………………………………………………… 240

第一章
就业革命：打破大学生职业生涯教育发展之茧

一、新时代呼唤职业生涯教育的转型

当清晨的第一缕阳光洒满大地，大学生——新时代的生力军，正站在人生的路口，眺望着充满挑战又蕴含无限可能的未来。在这个日新月异的时代，他们身处的世界正经历前所未有的变革浪潮。技术的革新如同潮水般汹涌澎湃，每一波都带来前所未有的震撼。

(一) 科技浪潮带来新的机遇与挑战

从人工智能（artificial intelligence，AI）的崛起，到大数据的广泛应用，再到云计算、物联网等技术的飞速发展，这些科技力量正在深刻改变着人类社会的每一个角落。这些新领域的崛起孕育着无限的机遇，为大学生就业带来广阔的机会。据在线招聘网站 BOSS 直聘发布的数据，近年来，信息技术（information technology，IT）行业和互联网行业在招聘市场中一直保持着强劲的增长势头。技术类岗位，如软件工程师、算法工程师等，是相关专业毕业生最期望从事的岗位之一。

随着云计算、大数据、人工智能等技术的不断发展，相关领域的就业机会也在不断增加。《全球数字经济白皮书（2024 年）》显示，截至 2024 年 7 月初，全球人工智能大模型达到 1 328 个，其中中国占 36%，这显示出中国在 AI 大模型领域的强大实力。同时，中国人工智能的应用场景不断丰富，覆盖了智能制造、金融、医疗、教育等多个行业。在智能制造行业，通过人工智能技术，企业可以提高生产效率和产品质量，大规模实现生产过程的自动化与智能化；在金融行业，大数据技术可以帮助企业分析客户行为、预测市场趋势，为决策提供有力支持。这意味着在这些行业，具备人工智能和大数据技能的毕业生将拥有更多的就业机会。随着科技的不断进步和应用场景的拓展，许多跟智能制造相联系的新兴职业和岗位应运而生，如智能制造系统运维员、智能网联汽车测试员等，这为大学生提供了新的就业方向。

与此同时，传统行业在技术革新的冲击下面临深刻的变革。受产业结构调整影响，许多传统岗位被自动化和智能化技术替代，导致企业缩减招聘规模甚至裁员。传统行业对人才的需求也在发生变化，对掌握新技术、新技能的人才需求增加，这使得原本就竞争激烈的就业市场面临巨大压力。大学生需要适应新的技术，同时保持对传统行业的关注，以更好地把握就业机会。

（二）职业生涯教育的必然转向

《谁动了我的奶酪》一书曾经风靡一时。书中，两个小矮人和两只小老鼠生活在一个迷宫里，他们发现了一个奶酪仓库并构筑起幸福生活。某一天，奶酪突然不见了！面对种种变化，四位主角有的冷静思考，有的茫然等待，有的牢骚满腹，有的积极应变。该书提到："如果你不改变，你就会被淘汰"；"越早放弃旧的奶酪，就越早发现新的奶酪"。该书带给我们一些思考，这些思考如今显得尤为深刻。所有人都可能面临与过去完全不同的境遇，人们在当前这个时代最能感受到自己的"奶酪"在变化。

在传统社会，社会发展速度缓慢，职业稳定，教会大学生如何进行职业选择对个体而言具有积极的意义。但人工智能正催生一场新科技革命，这势必会对劳动力市场产生直接或间接的影响。有人预见，人工智能迅速发展的未来将会导致众多职业消失，人们的"奶酪"将会不断地被拿走。在此背景下，传统的职业生涯教育（又称"生涯教育"）还有无必要？未来职业生涯教育将何去何从？

科技的迅猛发展为人类解放生产力的同时，也提高了社会生产的效率。个体的生活方式和生活质量也会变化。于是，一切也许会像马克思在《德意志意识形态》中描绘的那样，每个人都可以在任何部门工作，社会调节着整个生产，因此每个人都有可能随自己的心愿做事。当人们可以不受环境的困扰，随心选择和获取工作、职业和生活方式的时候，他们也许会更加迷茫，到底选择什么、如何行动才能遂其心愿。

不断加剧的社会职业更迭将会催生出大批再就业者。只有深入理解时代的变化趋势，准确把握科技发展的脉搏，个体才能在激烈的竞争中立于不败之地。同时，个体还需要具备跨界融合的能力，善于将不同领域的知识和技能进行有机结合，以应对日益复杂多变的社会环境。要想不被替代，个体必须不断学习，对未来发展作出合理的规划。这样才能够在迅速变迁的世界里，不断蜕变成长，找到适应社会的方法和途径。

世界的发展变化给未来个体的学习和发展带来了更多的不确定性。在这个过程中，终身学习和职业适应成为关键。大学生需要不断学习新知识、新技能，以适应时代的变化。同时，他们也需要不断调整自己的心态和思维方式，以更加开放、包容的态度去迎接新的机遇。职业生涯教育不是没有必要，而是需要随着职业世界的变化，作出相应的调整以跟上时代的步伐。

二、终身学习与职业生涯教育的协同进化

随着中国经济的转型发展和在世界格局中的崛起变化，当今社会的人才培养质量与标准不仅取决于社会的需求，还需要考虑个体的生涯发展，关注生命成长的主体性和主动性。

（一）终身教育的理念与学习型社会的变革

1965年，保罗·朗格朗提出终身教育理念，强调教育应该是一个持续不断的过程，教育与训练应贯穿人的一生，使每个人通过多种形式的自我教育真正和充分地发展自我。

这一教育改革理念得到联合国教育、科学及文化组织（简称"联合国教科文组织"）的肯定和推广，逐渐被各个国家所接受并通过立法手段加以规范。1996 年 4 月，国际 21 世纪教育委员会在《教育——财富蕴藏其中》中指出，现代教育应指向四种目标加以设计和实施，一是学会认知，即学会认识和识别复杂多变的世界和获得理解世界的手段方法；二是学会做事，学会在生活中创造实现自我的"使用价值"，进一步升华自我的生命价值，对身边环境带来积极的影响；三是学会共同生活，学会与他人协作交往、互为表里、合作共建，在活动过程中达到丰富生活和丰满人生；四是学会生存，这是前三种成长目标和过程的融合表现，是个体实现全面成长与完善、科学发展情感与意志、融通认知与行动的过程，是应对人生、社会与自然的一种综合能力[①]。因此，教育应把整体的"人"作为关注的主体，努力培养社会的个体在活动过程中、在与人交往过程中所表现出来的分析问题和解决问题的一种综合能力。教育不能只教给学生专业知识，还应该教给学生终身发展的自主学习和自主成长的能力，更重要的是终身学习的能力。

当前，在终身学习背景下，学习型社会已经成为世界性的热门话题。联合国教科文组织编撰的《学会生存——教育

---

① 联合国教科文组织.教育——财富蕴藏其中[M].北京：教育科学出版社，1996：75.

世界的今天和明天》对学习型社会进行如下概括：第一，学习型社会中，要改进目前的学校系统，教育主体应该充分发掘其他教育实施途径；第二，受教育者在周围环境中直接习得的经验是其接受学校教育的前提条件，学校教育应使个体已习得的经验系统化；第三，社会强调终身教育思想；第四，社会强调每个公民在社会生活中，可以自由地利用适合自己的学习、训练手段，将学习变成生活的一部分；第五，教育系统结构要优化，教育要与社会各个系统有机融合，形成社会合作教育体系，这样的教育体系更有利于人的个性发展以及创造性的培养①。

(二) 终身学习与职业生涯教育相互促进

作为教育重要组成部分的职业生涯教育，无论是作为一种教育理念还是教育实践，在学习型社会中都更应该关注人的终身发展和全面发展，促进个体终身学习习惯的养成。职业生涯教育不仅关注大学生当前的就业问题，更关注他们未来的职业发展。通过职业生涯教育，大学生可以更加清晰地认识到自己的职业目标和发展方向，从而更加主动地参与到学习活动中。这种主动学习的态度和行为习惯正是终身学习所倡导的。

生涯教育涵盖了职业指导、就业指导，但它又不仅仅是

---

① 联合国教科文组织国际教育发展委员会.学会生存：教育世界的今天和明天[M].北京：教育科学出版社,1996：97.

两者的丰富与拓展，还是以关注个体生命终身发展为根本前提，探索激发个体生命活力的一种培育个体生命自觉的教育模式。生涯教育以促进个体的自我改造与发展为目的。例如，一位40岁的职场人士，面对工作中的新挑战，选择报名参加线上课程，利用业余时间学习新技能。通过不懈努力，他成功掌握了新技能，不仅解决了工作难题，还提升了职业竞争力。又如，一位退休老人，积极参加各种兴趣班和社区活动，学习摄影、书法、园艺等技能，并参与社团和志愿者活动。这不仅丰富了他的个人精神世界和生活体验，同时也使他为社会作出了贡献，他的生活因此变得充实而有意义。再如，一位大学生在校期间积极参与各种实践项目和社会活动，不断锻炼自己的能力和素质。毕业后，他很快找到了理想的工作，并在职场中表现出色。他在校期间的学习和实践经验为他的职业发展打下了坚实基础。这些案例都是终身学习在个体职业生涯中的体现，它们提醒我们，人无论处于人生的哪个阶段，都应该保持学习的热情和动力，不断提升自己的能力和素质。终身学习是一种"呼唤生命"的教育转型，重建个体与社会的关系，呼唤个体主动自觉地规划人生，提升个体的生命自觉，从而提高生命的质量。

　　终身学习与大学生职业生涯教育之间存在相互促进的关系。一方面，终身学习为职业生涯教育提供了动力和支持；另一方面，职业生涯教育又促进了终身学习习惯的养成。两者相互结合，共同推动大学生在知识、技能、素养等方面的全面发展，为他们的未来职业发展奠定坚实基础。生涯教育解决的是知识技能提升教育与人的全面发展以及社会化整合的问题，人的生存状态与生命质量是生涯教育最终要解决的问题。生涯教育不应仅停留在学校层面，职业生涯教育的开端不应成为学习的休止符，而应是实现教育转型、构建终身学习型社会的一个崭新的起点。

三、职业生涯教育的"破茧"之路

（一）我国职业生涯教育的现状

近年来，生涯教育虽然已引起我国政府和学界的关注，但我国生涯教育的发展仍显不足，相对于西方生涯教育水平及时代需求来说较为滞后。我国生涯教育主要关注学校阶段的生涯指导和职业辅导，尤其是大学生的就业指导和职业生涯规划辅导。而我国基础教育阶段的生涯教育还处于实验与探索阶段，并未得到实践层面的重视。生涯教育的内容分散于劳动课、德育课、就业课的部分课堂教学中，或体现在短暂的升学指导和研究性的学习探究中。大学生步入职场后的生涯教育和职业辅导缺乏充分的关注和指导，教育内容的系统化和实践性还远远不够。

目前，大部分生涯教育以使个体适应社会发展和职业需求为根本出发点，生涯教育的内容和关注点更多是工具性的，缺乏对人的整体关注和考察，并未起到生涯教育应有的作用。在大学生求职后期乃至职场适应阶段，生涯教育较少站在"以人为本"和"全面发展"的角度关怀大学生生命的发展，较少探索以整个生命周期为跨度的，结合个人兴趣、志向、能力的人生价值教育和职业生涯发展。对已进入职场的大学生，尤其是处于职业探索期和建立期的职场新人，生涯教育对生涯规划的修正和职业发展的关注更是有限，而这类人群正处在人生发展的转折期，更加迫切地需要生涯教育的引导。

（二）职业生涯教育的变革需要

生涯教育是以人的自由全面发展为终极目标的教育活动。它涉及人的智力、体力、才能、志趣和道德品质等多方面。具体来说，生涯教育包括以下几个方面的内容：首先，个体智力和体力的充分发展。智力和体力是人的基本素质，它们的充分发展是个体实现全面发展的基础。其次，个体才能和志趣的多样化发展。每个人都有自己独特的才能和志趣，生涯教育应鼓励和支持个体发展多样化的才能和志趣。最后，个体道德品质的提升。道德品质是人的全面发展的重要组成部分，生涯教育应注重培养个体的道德观念、道德情感和道德行为。

正如生涯教育理论所倡导的那样，生涯教育应该贯穿人的一生，关注人发展的各个方面和阶段。当前大学阶段的生涯教育更多地关注职业指导和就业培训，与职业生涯发展与管理脱节，没有形成一个完整的体系，尚未产生切实的效果。生涯教育的现状一方面证实我国生涯教育尚有缺失的客观事实，另一方面也表明在我国存在对生涯教育理解的偏颇与不准确。当前的校内生涯教育模式未能根据生涯教育的内涵进行动态调整。当前生涯教育需要将视野从毕业生求职就业的某个阶段扩展到个体从进入大学到步入社会，甚至包含其事业变迁的全生命周期。

从已有研究与实践来看，学者与从业人员主要针对生涯教育在各自擅长的领域进行研究，现有成果缺乏对生涯教育整体性和系统性的把握。因此，本书试图在学习型社会的背景下，系统地梳理大学生生涯教育在个体职业发展过程中每一个阶段应该发挥的作用，从终身教育的视角探索如何将生涯教育贯穿人的一生，借此希望引起更多人对生涯教育的关注与研究，使人们不断反思生涯教育的终身发展问题，共同为职业生涯教育探索切实可行的前进道路。

第二章
他山之石：职业生涯教育的理论与实践

一、职业生涯教育概述

（一）生涯的概念与内涵

1. 生涯的早期概念与定义

在西方语境中，"生涯"（career）一词源于拉丁语 carrus，该词原意是古代的马车。"Career"一词有道路、跑道的含义，该词后来被用在职业发展领域，被理解为人生发展的"车辙印"，即个体一生中的一系列角色和职位。

从字面意思看，现代意义的 career 有生涯、职业、事业等意思。在英语中，具有职业、事业、工作等含义的词有"vocation""occupation""profession""job"等。它们之间有什么区别呢？Career 最初的意思是车辆行驶的轨迹或跑道。个体选择了 career，就意味着要按照这个跑道行进，直到终点。正如人的一生，个体会按照一定的轨迹或规律，行驶在人生的道路上。Career 是一种长期从事的职业或事业，需要个体投入精力和努力为之奋斗。Vocation 的意思是召唤、使命、天职。我们可以将其理解为源于召唤的工作、服从使命的天职。"使命"一词在西方主要指带有责任感地、自愿地从事某种活动或某种技术性的职业。Occupation 有占据的意思，通常指一般性的职业。Profession 则多指专业性较强，具有一定社会地位，需要从业者掌握较高专门技能和学识的职业。Job 是最常用来表示工作的词，也指一次性的有报酬的工作，如打零工。因此，在这几个词中，career 可以被理解为对职业最高层次的表达方式，也就是我们通常所说的"事业"。它不只指一份职业或工作，而是与一个人的一生发展和生活价值密切相关。

在人们以 career 描述生涯概念之前，occupation 和 vocation 在生涯概念演进的过程中扮演过重要的角色，这与社会发展的过程有对应关系，即对生涯内涵的理解建立在某一时代人们职业发展情况的基础上。在工业革命时期，社会发展相对平稳，个体在学校掌握一门知识、技能后进入职业领域，其职业发展的模式相对简单，进入某一职业后基本不再变动。生涯在当时被人们以 occupation 和 vocation 来指代。早期的生涯定义主要有以下几种：生涯指个人在工作生活中所历经的职业或职位的总称，生涯指一个人终生经历的所有职位的整个历程，生涯指人一生中伴随工作或职业的有关经验与活动。早期生涯的内涵主要反映个体终身所从事的有关职业或工作等活动的内容。

2. 生涯内涵的发展

随着经济与技术日新月异地发展，当前职业市场出现了一些新的特点，如不可预测性的影响因素不断增加、职业市场变化不确定性高、职业技术更替快等。以银行业为例，在传统社会背景下，银行业在很多人看来是一个高薪、体面的行业。然而，随着互联网金融和中国电子商务的兴起，人们支付方式逐渐改变，传统银行业的从业人员正面临着被机器、网络替代的危机。想要在这种职业转型中不被替代，银行从业人员必须及早重新规划职业生涯。在原来的技能与知识不能够适应未来工作的状况下，静态模式的"人职匹配"观念对于职业生涯规划存在一定的环境局限性，每个人都需要自我更新、持续学习，才能适应社会的不断变化。

经济的发展及个体自我意识的觉醒使得职业变得不只是谋生的一种手段，人们更加关注职业体现出的个人价值与社会价值，以及职业与生活的密切关系。除了工具性价值之外，职业中的个人价值日益凸显，生涯在时代背景的衬托下具有了新的内涵。如希尔在1982年提出生涯是个体一生中所从事的工作或休闲活动，生涯发展的过程开始于儿童早期并贯穿终身。舒伯在生涯发展理论中，将生涯定义为生活里各种事件的过程，它结合了人一生中的各种生活角色和职业角色，由此催生了个体独特的自我发展形态。它是从个体青壮年时期到退休隐退期无酬或有酬职业的总和，包括了与工作有关的角色，也包括了家庭和社会活动等方面的角色。这是学界在早期生涯概念的基础上随着社会的发展对生涯新的界定。

综上所述，生涯的内涵经历了一个不断变化发展的过程，并大致可以被划分为以下几个阶段。

（1）第一阶段为20世纪50年代末60年代初。这一时期生涯与职业概念等同，主要区别于生活这一概念。

（2）第二阶段为20世纪60年代至70年代中后期。这一时期的理论以生涯的发展观为主。生涯被认同为"变化中的职业",其概念内涵注重职业的发展性,强调个人一生可能会有多次职业变化。

(3) 第三阶段为20世纪70年代后期至今。这一时期的理论不仅强调职业生涯过程,还主张将职业与生活统一。

尤其值得关注的是,进入21世纪,随着外部环境的变化,员工的职业生涯管理模式也发生改变,越来越多的员工开始摆脱传统的、单一的雇佣关系,逐渐跨越组织内外部边界,实现自我职业生涯管理。自此,职业生涯进入"无边界时代"。1994年"无边界职业生涯"[1]的概念首次被提出。

从生涯内涵的演变来看,现代的生涯内涵呈现出以下几个特性[2]。

(1) 终身发展性。生涯是个体一生连续不断的历程,涵盖了个人一生所从事工作的综合情况以及在生活活动中扮演的各种角色。因此,生涯不是一个人的某一发展阶段,而是一生的发展过程。

(2) 综合复杂性。生涯包括个人在家庭、学校和社会中,与工作有关的活动经验,从个人的角色承担来看,生涯

---

[1] ARTHUR M B. The boundaryless career: A new perspective for organizational inquiry[J]. Journal of organizational behavior,1994,15(4):295-306.
[2] 何晓丽,王建虹.职业生涯教育与管理[M].宁夏:宁夏人民出版社,2012:4-5.

包括公民、学生、父母、子女等各个层面工作与生活角色的总和。

（3）独有特殊性。世上没有完全相同的个体，每个人都是独一无二的，因而其生涯发展也是非常个性化的，不存在完全相同的职业生涯规划。

（4）连续成长性。生涯发展是生活中各种事件连续演进的方向，个体在不同的年龄阶段有不同的发展任务，这些任务的不断达成与发展，也促成个体的不断成长。

（二）职业生涯教育内涵的演进

一个人所从事的工作并不会自然而然成为一份其愿意终身从事的"事业"，这需要个体的规划和外界的引导，这就是生涯教育。生涯教育（career education）也被称作生涯规划与管理教育，是对个体进行的一种有计划的、有体系的、有目标的帮助和辅导。个体通过从意识、技巧、能力等维度开展自我生涯规划，提升自身职业综合素养，最终促进自我职业生涯发展。目前学界对这一概念有"职业生涯教育"与"生涯教育"两种表达方式。

与生涯的内涵类似，生涯教育自诞生之日起，随着社会的发展及人们认识与需求的改变，其内涵也发生了一定的变化。这些变化一方面表现为生涯教育从职业指导向生涯辅导的转变，另一方面表现为生涯教育的终身教育发展趋势。

1. 由职业指导向生涯辅导的转变

学界一般认为，生涯教育起源于 20 世纪初的美国，以 1909 年帕森斯出版的著作《选择一个职业》为标志，当时生涯教育的主要形态是对求职者的职业指导。帕森斯的理论引起了学者们的广泛关注和研究，在实践层面，生涯教育主体将重心转向个体研究，并且将心理测验引入职业指导。美国心理学家罗杰斯提出了"以当事人为中心"的理念，认为职业发展应注重个人生活成长而不局限于职业信息传播，就业指导应该转变为职业辅导。1951 年，美国学者舒伯提出，职业辅导应着眼于个体的发展，职业辅导同时也要注重自身社会性[①]，他还提出生涯发展理论，职业辅导就此逐渐向生涯辅导教育转变。

值得注意的是，生涯教育与职业指导有很多相似的地方，但它们又是两个不完全相同的概念。生涯教育所涵盖的内容比职业指导的内涵更宽泛、更宏观。生涯教育站在人才培养的角度思考受教育者的职业发展问题，不仅包括职业指导，还包括针对生活其他方面的指导，如个人发展等。

2. 终身教育发展趋势

1971 年，时任美国教育总署署长西德尼·马兰正式提出生涯教育的概念，将生涯教育界定为涉及个体生涯全部发

---

① 田爱玲,张爱琴.美国职业生涯教育的发展、特点及启示[J].中国民族教育,2013(09)：43-45.

展层面的一种综合性教育策略，即从早期幼儿教育一直延伸到成年人教育的终身教育，具体指按照自我认知、生涯探索、决策定向、入职准备、生涯进步等步骤，使学生获得谋生技能，即职业从业技能。他还认为生涯教育应普及实施，植入个人的生活方式，并提出生涯教育的三个要点：①职业生涯教育应普及到包括幼儿园、小学在内的所有在校学生，而不只是高级中学和高等院校学生；②职业生涯教育不能仅被设置为一门课程，要有更多行之有效的教育活动安排其中；③凡中学毕业的学生，包括中途退学者，应该被教授并掌握能够维持生计的技能。

引入终身教育后的生涯教育是一个庞大的工程，具有系统化和专业化的要求。从培养个体对职业的认知到引导个体树立正确的职业发展理念和价值观，从教授个体生涯规划基础知识到使个体掌握职业生涯技能方法，从使个体获得核心职业素质到健全完善个体职业心理，这都需要全过程、全方位、终身性的教育。也正基于此，国外的职业生涯教育不仅涉及学校教育阶段的教育人员，企业、家庭和社会等多方面都需要积极参与和配合。随着社会对生涯教育认识的不断深化、生涯教育理论与实践的不断发展，生涯教育逐步综合了以心理学为支撑的传统就业指导和职业咨询，吸收和融汇了教育学、心理学、社会学的交叉成果，进一步地扩展丰富了理论自身的核心能量。

(三) 职业生涯教育实践的国际比较

生涯教育在欧美发达国家起源较早,后来逐步发展为较为成熟的职业辅导体系。而后随着经济和社会发展需求的不断变化及终身教育思潮的兴起,生涯教育越来越受各国重视,并日益成为贯穿个体一生的一种生活方式。

1. 重视制度保障的美国生涯教育

生涯教育起源于美国,目前,美国在全球生涯教育行业依然是引领者和先导者。美国生涯教育具有三个特点。

(1) 基础化。生涯教育在美国高等教育阶段开展之前,已经在基础教育和中等教育阶段普及,为学生进入高校后的专业选择打下基础。

(2) 系统化。美国生涯指导和咨询、生涯教育的实施是一个连续性、阶段性的过程,是完善职业教育的重要策略。生涯教育在学校里的每个环节层层递进、相互联系,形成了一种序列性的适配学生发展的操作性强的系统。

(3) 专业化。美国的生涯教育在经费上有充分的保障,政府在全国范围内普遍设立生涯规划教育与生涯发展咨询机构,并且投入了较多的预算在人力资源上,以保证机构专业而有效地运转。美国从事生涯教育的教师队伍趋于专业化,生涯辅导人员除了必须具有硕士以上学位外,还要有一定年限的教育工作经验,同时需要取得由国家生涯发展协会颁发的资格证书。美国生涯教育的人员匹配更是精细,有专职的管理咨询师、职业能力评估师、心理测评师、生涯辅导顾问助理等人员。

2. 凸显个体主体地位的英国生涯教育

英国是工业革命发源地，生涯教育起步相对较早。英国非常重视学生进入社会后的生涯教育，其受教育对象主要是义务教育后未能顺利升学的待业青年和失业人员。英国的生涯教育以提高受雇能力为核心要素，实施机构以继续教育学院为主。生涯教育是英国终身学习框架体系中的重要组成部分，其教育模式在全球产生了深远影响，并在英国经济发展中发挥了重要作用。

英国的生涯教育主要从以下四个方面开展。

（1）帮助在校学生意识到个人与个人之间在能力、兴趣和性格等方面的差异，让学生发展自我意识，判断何种职业适合自己。

（2）增加职业机会信息的提供渠道，向求职者介绍职业信息，分析各种职业的差异，介绍不断变化的劳动力市场形势对个人和社会的影响，让处于准备期的大学生提前适应。

（3）支持、帮助大学生发展自我决策能力和提升技能。例如，教导学生利用计算机技术获得职业信息，与学生探讨职业发展的技术和方法。

（4）对不同文化背景和不同生涯发展阶段的离校大学生进行职业评估，开展关于职业发展、职业选择、职业指导技术和方法的培训项目，解决学生面临的由工作、休闲、家庭、生活角色及文化背景差异带来的问题，使他们学会不断自我调试，以应对生活角色改变后的职业适应发展问题。

3. 关注连贯性的日本生涯教育

日本高校的生涯教育分为理论学习和体验式就业指导两个部分。在学校的课程中，学生要结合自身不同特质，挖掘自身的职业偏好和职业兴趣取向，作出与之相匹配的职业生涯设计与职业发展规划。参加学校组织的就业实习与参访体验活动也是日本职业生涯教育体系的一个重要环节。到企业实习，这是很多日本高校的一门必修课程，不合格者将不能拿到相应的学分。

日本入职前的体验式就业指导分为两种，一种是学生去国外合作大学进行跨文化体验式学习交流，以增强适应能力和沟通交流能力，日本留学生也因此而遍布全球；另一种是学生在国内企业中体验式学习，由企业指派指导教师带教学生，使学生深入了解职场的工作状况和工作要求，从而更好地体验职业生涯，更好地对职业规划作出决策判断。此外，日本高校还有独特的课外支援活动，学校会针对每一个学生的个性，安排设计生涯服务和开展意义丰富的职业指导课外活动。在这些课外活动中，学生可以和社会机构的专业生涯指导人员预约时间，进行面对面、一对一的咨询访谈，并与之建立合作成长伙伴关系。日本还学习德国，引进社会机构的生涯教育服务模式，给高校学生传授进入职场必须具备的知识和技能，让其作好充分的准备，以便学生在参加工作时，能够很快度过职业调试磨合期，确定自己的职业锚。同时，在课外支援活动中，已经毕业的学生会受邀回到学校，以同辈学长的身份向学生们分享、传授职业规划的经验。朋辈人群的相互交流让在校学生更好地接收外部带来的职业信息，增加他们审视自我和学习的机会。

4. 国际生涯教育的总体特征和经验借鉴

欧美和日本等国的生涯教育起步早，在理论与实践方面积累了丰富的经验，其中既有共同的地方，又有各自的独特性，这些经验既立足于各国发展需求和实际，又反映了各国为适应未来所作的调整。这些经验可以总结归纳如下。

1）建立健全职业生涯教育的相关法律法规

从欧美和日本等国生涯教育的实践发展来看，各国都较为重视制度的保障作用，特别是美国，自生涯教育被提出后，国家出台了一系列的法律法规以保障生涯教育的实施，为生涯教育实施的规范制度化、系统全程化提供保障。

2）构建多方合作的支持体系

美国的生涯教育，会与企业、社区和家庭合作。英国在一些相关法令中规定，社会相关各部门（如大学、企业、事业单位、工厂等）要为学生熟悉各种职业提供便利条件，包括提供参观和实习机会。在日本，政府通过聘请专业技术人员开展实践指导讲座，建立企业、政府与劳动力市场的合作平台，有利于个体间建立良性生涯成长伙伴关系。

3）对校内外个体生涯教育进行一体化设计

生涯教育涵盖个体的入职前后两个时期，贯穿个体从学前教育到中小学、大学及工作后的整个人生阶段。同时，政府、高校等对生涯教育的课程内容、教学大纲都分层级和分对象地作了标准规定，有效地保障了生涯教育的实施与开展。

二、职业生涯教育理论综述

生涯教育最早诞生于美国，当前世界各国普遍重视生涯教育对个体和社会发展的作用。随着经济社会及技术的进步，生涯教育的实践不断发展，生涯教育理论也不断得到完善和补充。

（一）职业选择理论

职业选择理论认为个体按照兴趣、性格、能力和理想选择职业，进而实现职业要求与个人能力相符的目标。其代表理论分别为择业动机理论、特质—因素理论、职业兴趣理论和职业锚理论。

1. 择业动机理论

择业动机理论的前身是期望理论。美国著名心理学家佛隆对个体择业的行为进行了一系列的研究，提出了解释员工行为激发程度的期望理论，该理论认为行为动机的强度决定了期望值的高低和效价的大小，期望值及效价与动机强度成正比。

佛隆认为个人职业选择应该分以下两步：

第一步是确定择业的动机，并根据效价和职业概率等变量确定职业目标的期望发展程度。效价多取决于个人因素，包括个体的价值观、兴趣爱好、工作环境、薪酬以及职业声誉等；职业概率取决于竞争同一工作的竞争者的数量、职业岗位的需求量、择业者的胜任能力以及不可预测的随机因素。

择业动机理论认为，对于某项职业，获得该职业的概率越高，效价就越高，择业者选择该职业的意愿和偏好就越大；反之，获得该职业的概率越低，效价就越低，择业者选择该职业的可能性就越小。

第二步是比较择业的动机，进而选择职业。求职者在求职前要对各种动机进行价值评估，并区别出比较重要的动机来指导自身职业生涯规划。择业动机理论通过量化职业动机的大小，帮助择业者明确职业的选择，为择业者提供了识别动机并对动机进行评价，它也为生涯理论的发展起到了重要的指导作用。但是，这些量化值比较难测定，如当时学界对于人的心理因素缺乏测量手段与方法。

2. 特质—因素理论

特质—因素理论是美国职业指导专家帕森斯提出的，是被业界公认为最早用于职业指导的经典理论，它率先提出了人—职匹配的思想。特质指包括性格、志向、兴趣等的人格特质。因素是指个体在工作上获得成功表现必须具备的要素或资质，可被看作背景性条件。

帕森斯认为职业生涯需要人与职业匹配，每个人都有自己的个人特质，而且这些特质可以通过一定的方法和工具测量，不同的职业需要拥有不同特质的人担任，两者越契合，个体职业生涯越容易成功。帕森斯提出了个体进行职业选择应注意的三要点：①明确自身的能力和兴趣特长以及对未来职业的期望；②了解职业所需的知识、职业的优势和劣势、潜在的机会和前途；③尽量使个人与职业之间平衡与匹配。

帕森斯认为职业与人之间的相互匹配可以分为因素匹配和特质匹配。因素匹配指职业所需要的专门技术和专业知识与掌握了所需技能和专业知识的择业者之间的匹配；特质匹配指具备某些特质的人与需要一定特质的职业之间的匹配。他强调指导者先评估个体的能力，然后进行职业调查，以个体和职业的匹配作为职业辅导的目标，最后作出职业选择。

特质—因素理论主要的贡献是为职业指导提供了一个明确可操作的方法，它大大提高了人们职业选择的成功率。该理论注重心理测量工具的使用，特别是不同类别的心理特质对不同职业的影响；注重对职业信息的收集，重视个体对职业的认识和意愿；注重逻辑推理的方法，强调指导服务中科学逻辑的运用。但是随着长期实践该理论也显现出缺陷：一是复杂和多样化的测量工具倾向于强调特质而逐渐忽视一些对人主观因素的考量，二是现有的工具未考虑未来环境对匹配结果的动态影响。

3. 职业兴趣理论

美国约翰·霍普金斯大学心理学教授霍兰德提出的职业兴趣理论具有广泛社会影响力。霍兰德认为人们倾向于寻求能充分实现自己价值观和施展自己抱负与能力的职业环境，对此，他提出了以下假设。

（1）人格类型可分为现实型、研究型、艺术型、社会型、企业型与常规型六种类型。

（2）环境因素可对上述六种类型的区分产生重要影响。

（3）个人的行为取决于个体的先天和后天人格，以及生活实践过程中所处的环境特征，这两者之间能相互影响与作用。霍兰德认为，人格类型、兴趣和职业有很高的相关性，个体在从事自己感兴趣并且有相关能力特长的职业时，能够发挥自己的最大潜能并且愉快地完成工作。

霍兰德认为人的个体差异较大，人格类型对于职业的影响十分显著，个人的成长环境不同，自身的心理和兴趣不同，所倾向的职业兴趣与职业喜好有所区别，可能选择的工作类型和方式也就存在较大的差异。求职者需要在对自己认真了解分析的基础上作出职业选择和职业判断。现代人力资源管理实践也认为人格特质与岗位所需要的特质相匹配时，个人的潜力可以最大地发挥作用。企业在招聘过程中，通过倾向性地选择人才，可以更有效地配置人才和岗位的资源，给予员工最适合的工作环境，以期最大限度地在工作中调动员工的工作积极性和创造性，发挥他们的聪明才干。霍兰德的人格分析量表及与职业匹配的关联分析,在企业招聘工作中的"人职匹配"层面曾被大量使用,让合适的人做适合的事情的积极职业观念得到用人单位普遍认同。

霍兰德职业兴趣理论调动了人们选择职业的主观能动性,重视个人特质与职业的关联,有利于人们在了解自己本身特质的基础上,积极寻找与自己匹配的岗位。因此,该理论能帮助求职者作好职业选择和职业设计,从整体上认识和提高自己的职业能力,比较明确地进行职业探索,最大限度地实现个人价值。霍兰德职业兴趣理论的提出,有助于生涯辅导心理测量工具的科学化建设,有助于生涯辅导分析、解释和明晰个体职业发展方向。其局限性在于,有的学者认为该理论的研究样本基于男性的职业发展情况,因而对于女性的生涯发展不太适用。

4. 职业锚理论

"职业锚"一词是美国麻省理工斯隆管理学院施恩教授于1978年第一次提出的。施恩通过纵向追踪研究发现个人早期的学习经历和潜在的自我意识对其职业生涯有很大的影响,当人们从事与自我意识不合适的工作时,其潜意识会将他们拉回让他们感觉更好的工作上,这就是职业锚的作用。施恩提出了技术能力型、领导管理型、独立自主型、稳定谨慎型、创新创造型、社会服务型、勇于挑战型、生活家庭型八种职业锚。

职业锚理论强调个体在生活中形成的价值观、成就事件与活动的动机、工作过程中获得和积累的能力三方面相互影响与相互作用的关系。个体应正确识别自身的职业锚，并在工作中对其不断修正、调整。施恩职业锚理论的提出，对典型职业的分类具有现实意义，为进入职场后的个体生涯发展规划开辟了新理念，有助于个体分析与判断个人的生活期望指数和职业成就标准，有助于个体生活与工作中预期心理契约的达成，增强个体积极性和主动性，有助于个体提升职业技能和增长工作经验，不断提高自身工作效率和工作满意度，为个体中后期生涯发展指导提供理论依据。职业锚理论的局限性在于对职业生涯的描述过于经验化，其科学性和准确性有待改善。

以上四种理论属于早期的职业生涯理论，它们都强调"人职匹配"，即根据人的个性特质选择与之相匹配的职业。在社会变化较慢的情况下，一个人终身从事一到两个职业，人职之间的匹配相对较为容易。然而，随着社会的快速变化，职业和工作环境等都充满了不确定性。个体在不同职业之间流动的机会变大，传统的生涯规划已赶不上变化。随着职业生涯研究的不断深入，学界出现了一些新的理论。

（二）生涯发展理论

1. 金斯伯格的生涯阶段理论

金斯伯格是美国著名的职业指导专家，他认为职业对于一个人的生涯来说，是一个连续不断的、长期进行的发展过程，每个阶段都有不同的任务和特征，随着个体年龄、教育背景和经验等因素的变化，个人职业选择也会不同。

通过研究个体从儿童期到成年期各个生涯发展关键时间点上关于职业选择的想法与生涯决策行动，金斯伯格根据职业选择心理，把人的生涯划分为幻想期（11岁以前）、尝试期（11～17岁）和现实期（17岁以后）3个阶段。

1）幻想期

儿童对色彩缤纷的社会充满了好奇，幻想着自己长大后成为什么样的人、从事什么样的职业等，并在游戏活动中扮演自己感兴趣的角色。男孩和女孩的角色选择和喜好通常有较大的区别。这一时期的儿童，对于职业认识完全处于懵懂状态，受家庭因素影响较多，他们简单地模仿自己所接触到的生活角色，并由这些角色激发兴趣爱好，这对个人今后的职业生涯发展有着一定的作用。职业家族树的形成往往起源于这个时期潜移默化的影响。

2）尝试期

该时期是少年向青年过渡的阶段。在这一时期，个体的成熟水平显著提高，认知能力发展较快，自我意识趋于成熟，价值观念也初步形成，不同类型的能力有了明显的特征和分化，个体兴趣从广泛多样变得逐渐趋于稳定，思考和解决问题的自觉性和主动性增强。个体对于外界事物的认识不断进步，初步积累了社会生产与生活的经验。这一时期的职业需求特点是，个体开始注意培养其对某些职业的兴趣，不仅注意自己的职业兴趣，而且更多地、客观地审视自身各方面的条件、能力和价值观；个体开始以个人的能力为核心，衡量并测验自己的能力水平，并将其表现在各种相关的职业活动上；个体注意了解个人价值和各种职业的社会价值，以及社会对某种职业的需要，并以此审视自己的职业兴趣和能力，进而进行职业选择。

3) 现实期

在这一时期，个体进行各种试探活动，试探各种职业机会和可能的选择，能够客观地把自己的职业愿望和自己的条件、能力及社会现实的职业需要密切联系、协调起来，作出进一步的选择，生涯规划进入具体化阶段[①]。这一时期个体的职业需求已经不再模糊不清，个体有着具体而现实的职业目标，个体生涯规划表现出的最大特点是客观性、现实性。

金斯伯格的生涯阶段理论较早从生涯发展角度研究人的职业行为，并被广泛地应用在生涯规划实践中，对后来的生涯发展理论也产生了很大的影响。但随着终身学习理念的提出，该理论对个体中年期、老年期的角色和任务的研究有待进一步深入，其完整性还存在欠缺。

2. 舒伯生涯发展理论

舒伯在综合了许多流派的生涯发展理论思想基础上，建

---

① 李瑞星,郑金伟.职业生涯理论综述及其对职业生涯教育研究的启示[J].中国大学生就业,2013(18): 54-60.

立起独到的关注动态的生涯发展理论。舒伯提出职业发展的概念模式。他认为职业是一种动态的、连续的、有秩序发展又不可逆转的过程，个体能总结出职业发展的阶段性规律。随着年龄的增长，自我概念、人格特质及社会因素等对个人职业的选择愈加重要。职业家族树会影响个体对于生活角色的发展和各个角色间的平衡及协调。个人的学历、社会资源网络、所处的社会职位结构、个人发展趋势、认知态度等均会影响个人职业的选择，职业升迁的途径、方法及速度与个人的知识能力、父母的社会地位、个人的主观需求、价值观、兴趣、人际技巧以及社会环境中变化的供需情况有关。每种职业都颇具弹性，所以不同类型的人可以从事相同的职业，一个人也可以从事多种不同类型的工作。工作满意度取决于人们的需要和价值观，当个人需要、个人兴趣与工作需要、工作条件、人际合作情况达到最优组合的时候，个体就会对工作表现出高度满意。

舒伯提出的生涯发展理论是一种纵向职业指导理论，重在对个人的职业倾向和职业选择过程本身进行研究。舒伯把一个人职业生涯的发展看成是一个持续渐进的过程，这一过程由成长阶段、探索阶段、确立阶段、维持阶段和衰退阶段五个主要阶段构成。

舒伯从生活广度和生活空间的维度描绘出一个多重角色生涯发展的综合图形——生涯彩虹图，并提出人一生中不同时期的角色对工作、家庭、休闲和社会活动的影响。他认为可以根据年龄将每个人生阶段与职业发展规划匹配，且个体在每个阶段各有发展任务。他用生涯彩虹图形象地展示了人生各个发展阶段及个体扮演的主要角色。各种角色之间是相互作用的，个体在一个角色上过多投入而没有平衡好各角色的关系，就有可能导致其他角色的失败，某个角色的成功也可能带动其他角色的成功。人的社会任务或职业生活是不断变化的，生活中的角色也在不断地发生转换和改变，这从根本上说是社会权利与义务的变化。每个人的生涯规划不同，所勾勒出的生涯彩虹图也不相同。

个体在生涯规划中要充分重视不同年龄阶段的角色定位，合理安排好自己的学习、工作、生活和家庭角色。比如，随着年龄的增长，父母会需要越来越多的照顾，而在时间分配和财富计划上，个体对子女角色的投入就会越来越多。个体在工作之前，对学生角色投入的精力和时间较多，工作初期会相对减少，但身处科技快速发展的时代，知识更新的需求会不断强化，人们仍需要进一步地进修和不断地完善自我，因而个体需持续扮演好学生角色。休闲者的角色也是不容忽视的，个体不能到60岁以后才对其安排考虑。在如此快速和高效竞争的社会中，平衡工作和休闲是一项重要的维持身心健康、确保个人可持续发展的手段。公民的角色在个体20岁左右开始不断强化，承担社会责任和为社会、国家发展作贡献的义务也充分地表露与体现。工作者的角色伴随了个体人生的绝大部分时间，这充分体现了工作的重要性和对人生的影响。持家者的角色在个体成家立业的前几年地位比较突出，之后又维持在一个普通的水平，退休后其地位会再次加强。

舒伯生涯发展理论将职业选择、人职匹配进一步推进到生涯发展领域，是当今生涯辅导重要的理论基础，综合了差异心理学、发展心理学、自我心理学以及有关职业行为发展方向的长期研究成果，解释了个体生涯横向和纵向交织的发展结构，得到生涯教育界的普遍认同。舒伯生涯发展理论的局限性在于忽略了经济、社会等综合因素对个体生涯发展的影响。

3. 格林豪斯的职业发展阶段理论

格林豪斯的职业发展阶段理论将职业发展分为职业准备期、职业探索期、职业生涯初期、职业生涯中期和职业生涯后期。格林豪斯的研究认为，人生不同职业阶段中个体职业发展的主要任务不同。

（1）职业准备期是职业想象力培养的重点时期，个体应该注重接受必需的职业教育，为今后的职业发展奠定基础。

（2）职业探索期，个体的主要任务是获得一份理想的工作，通过合适的生涯选择与决策得到比较合适、满意的职业。

（3）职业生涯初期的主要特征是个体学习的重点在于提高专业技术和工作能力，并以逐步适应职业工作和企业文化、为职业的进一步发展作好准备为目标。

（4）职业生涯中期，个体的主要任务是重新评估自己的职业生涯，对已经选择和从事的职业作分析和判断，对今后的生涯发展作成熟而科学的规划和管理。

（5）职业生涯后期，个体考虑如何继续保持已有职业成就，维护自己在工作及其他方面已取得的成果和地位，并对退休后的生涯安排做好准备工作。

格林豪斯纵观人生的整个历程，根据不同年龄段或者发展时期所面临的问题和主要任务对生涯规划进行了研究。他的职业发展阶段理论虽然在基本按照个体年龄划分时期的基础上考虑了个体职业状态、任务和职业行为的因素，然而，因为每个人的职业发展速度有差异，所以该理论以大致的年龄跨度来划分时期的方法存在一定的局限性。

（三）生涯决策理论

生涯决策理论关注影响生涯决策的原因，注重分析如何能够使个体获得最大的满意度和收益，探讨如何改变和提高个体的兴趣、技能、价值、工作习惯与个人素质对决策的影响。其代表理论分别为社会学习理论和认知信息加工理论。

1. 社会学习理论

克朗伯兹的社会学习理论认为职业发展过程错综复杂，最主要受四种因素交互作用的影响：遗传因素和特殊能力、环境因素、学习经验、工作技能。其中，克朗伯兹特别强调学习经验和环境因素对生涯规划的影响。他认为个体的生涯规划应该考虑自我遗传因素的影响，发挥个人的特长和优势，扬长避短地选择职业，同时通过扩充学习经验，培养职业技能，把职业决策看作一种习得的技能。个人的社会成熟度很大程度依赖对他人行为的学习和模仿，并由此决定个人的职业取向。

1）遗传因素和特殊能力

个人的一些遗传特质在某些程度上限制了个人的职业选择自由。这些因素包括身体条件、个性特征和种族差异等。个人的特殊能力包括音乐能力、美术能力、动作协调能力等。这些特殊能力会影响个体在环境中的学习经验，以及伴随这些学习经验而来的兴趣与技能，对个人未来职业规划等也有较大影响。

2）环境因素

社会经济的发展、工作机会的数量和性质、政府政策对不同职业的从业要求、不同职业的薪酬待遇、劳动法的变更修订等环境状况和事件构成了影响职业规划的环境因素，这些事件并非个人所能控制，但都会影响个体的生涯规划与行动。

3）学习经验

日常生活中，个体受到刺激与强化的种类、形式以及两者相互作用的时机，对个人职业生涯选择和生涯技能培养有着深远的影响。每个人都有与众不同的学习经验，这对于个人的生涯抉择具有重要影响。克朗伯兹提出了两种类型的学习经验。

（1）工具式学习经验。个体生涯规划和职业所需的技能，可以通过工具式学习经验获得。工具式学习经验包括三种要素，一是环境状况和事件，指在特定的环境中，个人遇到刺激后采取的行为；二是内因与外显的行为，指个体内在的情感和认识在外在行动中的表现；三是后果，即个体体验行动后认知与情感反应所造成的影响。

（2）联结式学习经验。在个体成长过程中，某些环境的刺激会引起个人情绪上积极或消极的反应，这种联结式的学习经验对个体的生涯决策有深远影响。通过观察真实和虚构的社会职业事件，个体会对职业有某种标签化印象。

4）工作技能

工作技能包括解决问题的能力、个人的情绪反应及态度、工作习惯等职业取向技能。个体内在的遗传因素和特殊能力、外在的环境条件以及不同的学习经验等交互影响，使个人获得各种技能，如解决问题的能力、职业价值观、情绪认知等。

按照社会学习理论的观点，上述四种因素相互作用会对个体的职业决策产生重要影响。克朗伯兹特别强调丰富学习经验的重要性。过去的学习经验以多种方式影响着个体的生涯决策。比如，人们曾在某一工作领域中有过积极的经验，那么他们会倾向于更多地了解这一领域。相反，消极的经验会使他们回避这些领域。运动员在每场比赛前都会花费时间在头脑中精确地想象和演练比赛进行的过程。人们也可以通过观察别人和想象自己在一些情境中的行为来学习,榜样和良师益友也会为人们提供有关职业和生涯规划的经验。

社会学习理论以社会学习的观点解释个体生涯选择的行为,考虑社会因素影响,更加重视、强调学习经验和工作技能的相互作用,扩展了个体学习与决策的方法,弥补了先前理论的不足。

2. 认知信息加工理论

彼得森、桑普森和里尔登于1991年提出了认知信息加工理论,认为生涯发展是个体在生涯决策中决定如何使用信息的过程。

1) 基本假设

该理论的基本假设为:个人认知过程和情感过程的交互作用决定了生涯选择。生涯规划、生涯发展和管理的过程即信息加工能力的学习过程。个体形成自我认知信息加工模式,并按照信息加工的特性构成信息加工金字塔,这对职业生涯规划过程中的知识领域、决策技能领域、元认知执行领域的改善有很强的指导作用。

2) 基本观点

个体职业生涯选择基于个体职业认知和职业感受,个体以认知与情感的交互作用为基础,通过信息加工进行生涯选择,通过改进认知信息加工技能提高生涯管理的能力,达到解决职业问题和制定职业决策的目标。生涯决策是一项以动机需求为导向，学习和掌握生涯决策所需技能为支持的，记忆负担繁重的任务。生涯问题解决者的能力取决于其知识和认知操作水平。生涯发展包括知识结构的持续发展和变化，是人们终身学习的一部分。

按照上述认知信息加工的基本观点，该理论构建了一个模型，该模型为金字塔型，分为三个层次。

（1）最高层。这一层是元认知的执行领域，是个体对自我言语、自我觉察的控制与监督，对自我思维活动和学习活动的知识及其实施的控制。

（2）中间层。这一层是决策技能领域，相当于电脑的应用软件，对所存储的信息进行加工处理。这一过程包括五个步骤：沟通（communication）、分析（analysis）、综合（synthesis）、评估（evaluation）和执行（execution），缩写为 CASVE，这五个步骤构成了决策的循环。

（3）最底层。这一层是知识领域，包括自我认知和职业知识。自我认知包括了解自己的价值观、兴趣和技能；职业知识包括理解特定的职业、学校专业及组织方式。知识领域相当于电脑的数据文件。

以上三个层次中任何一个层次出问题，都会影响个体职业生涯决策的质量。

认知信息加工理论重点关注的是如何决策以解决职业生涯问题，它探讨了如何厘清决策过程中个体当下的位置和将来的方向，为职业生涯发展理论及生涯教育咨询工作建立了开创性的研究方向。

(四)生涯建构理论

1. 凯利的个人建构理论

生涯建构理论是对生涯发展的一种新理解,是社会建构主义在职业生涯发展领域中的体现。早期的个人建构理论由凯利于1955年从人格理论发展而来。凯利是美国著名的人格心理学家和人本主义心理学的先驱之一,也是位资深的临床工作者,他提出的个人建构理论是其25年实践经验的结果,在临床心理学上具有广泛应用价值。凯利认为,普通人与科学家在工作原则上相似,都不断经历各种事情,形成自己看待世界的观点,并用这些观点去预测未来、控制事件和调控行为。

凯利的观点"每一个人自己就是科学家"的主要核心概念是建构,每个人都以独特的方式观看自己以及所处的世界,在观察中得出种种预期。凯利认为,人的种种行为都受到预期事件的引导,人的行为是建立在这些预期上的一系列实验,而生活中的事件就是对这些预期的验证[1]。

1)个人建构的概念

个人建构是人们用来解释世界、分析事件的观点或思想,是人们用来对经验进行整理分类的一种概念,也是他们看待并控制事件的思维模式。凯利认为,每个人都有自己独特的个人建构,这些建构影响着他们对世界的理解和行为方式。

---

[1] 金树人.生涯咨询与辅导[M].北京:高等教育出版社,2007:105-106

2) 个人建构的特征

个人建构的特征包括三点：①适用值域，即一个建构所涵盖的事件范围，也就是该建构适用的具体情境或领域。②适用焦点，即在某一建构的适用值域内，能够发挥最佳预期作用的点或核心要素。③渗透度，即一个建构能够容纳新观念、新事物的程度，反映了该建构的开放性和灵活性。

3) 个人建构的类型

(1) 依据建构的影响力，个人建构可以被分为核心建构和外围建构。前者是指个体行为中最基本、最稳定的建构；后者指较易改变的建构，对个体行为的影响相对较小。

(2) 依据建构的通透性，个人建构可被分为渗透性建构与非渗透性建构。前者能够容纳新成分进入其适用范围，后者则拒绝新成分进入。

(3) 依据建构的可变性，个人建构可被分为紧缩建构与松散建构。前者对事件的预测绝无改变，后者的预测则能随时间、情境的不同而产生变化。

凯利将个人建构理论应用于心理治疗，认为个体产生心理障碍的原因是建构系统出了问题，而非过去的创伤经验。他独创了"固定角色疗法"，通过让患者扮演与自身有显著差异的角色，帮助他们建立新的建构，完善原有的建构系统，以便更好地预期事件和控制生活。个体通过建构预测未来事件，并根据预测结果调整自己的行为。建构的稳定性和准确性影响着个体的行为效果和心理健康。

凯利的个人建构理论是一个高度综合且结构化的理论体系，它强调了个体在解释和预期事件时的主动性和创造性。该理论不仅为心理学研究提供了新的视角和方法，也为心理治疗实践提供了有益的指导。

2. 萨维卡斯的生涯建构理论

2002年，美国东北俄亥俄大学教授萨维卡斯正式提出生涯建构的思想，该理论在职业心理学领域中不断发展。萨维卡斯认为，生涯发展是个体通过一系列有意义的职业行为和工作经历构建自身职业生涯的动态过程，这一过程受到个体特征、情境等多种因素的影响。他强调，生涯建构是个人主观的、动态的、不断适应外界环境变化的过程。该理论在生涯咨询和职业指导领域具有广泛的应用价值。通过运用生涯建构访谈等方法，咨询师可以帮助个体深入了解其自身的职业兴趣、价值观和能力等因素，明确生涯主题和发展目标，进而为其制订相应的行动计划。萨维卡斯的生涯建构理论主要包括三个核心组成部分：人格特质、生涯主题和生涯适应力。

1）人格特质

萨维卡斯批判性地继承了霍兰德的类型理论及职业世界地图理论来理解个体职业人格类型。霍兰德认为，从个体的过往经历中可以发现一个相对稳定的职业人格，并且会与个体从事的职业呈现出一定的匹配性。但萨维卡斯关注的点有所不同，他更侧重人的主观看法，而非测评分数。他更关注人的意图中呈现的可能的"我"，而非过去的"我"。

2）生涯主题

萨维卡斯生涯建构理论假设个体通过进入一个职业来诠释和发展自我概念，如果能对自我概念和个人愿景目标进行深入理解，个体将更加有效地作出生涯选择。萨维卡斯认为，个体自我概念和愿景目标通过生涯主题展现，如同一个故事的主题概括了这个故事的中心思想，生涯主题由一个或一系列个体最急切希望解决的问题和个体解决问题的方法构成，个体生涯发展的目标和行动都围绕生涯主题的宏观指引展开。

3）生涯适应力

社会的飞速变迁令个体不得不更加主动地根据环境作出态度、行为和能力上的调整，培养自身的生涯适应力。萨维卡斯提出的生涯适应力模型包括关注、控制、好奇和自信四个维度。这四个维度相互关联、相互促进，共同构成了个体在职业生涯中应对变化和挑战的重要能力。2008—2012年，萨维卡斯联合各国学者对生涯适应力概念进行补充、完善，开展了大量量化和质化研究，极大丰富了生涯适应力的可操作化进程。生涯适应力量表经过大量跨文化检验，表现出了良好的信效度。

生涯建构理论解释了个体如何将生涯自我认知与其工作角色整合。随着职业心理学领域研究的不断深入和发展，生涯建构理论也在不断完善和丰富。这些研究不仅丰富了生涯建构理论的理论体系和实践应用，也为职业心理学领域的发展提供了新的思路和方法。

第三章
国内探索：我国职业生涯教育的历史与新时代内涵

一、我国职业生涯教育的历史发展脉络回顾

我国职业生涯教育在20世纪20年代初期开始萌发。但是，当时的社会环境和经济条件十分困苦，生涯教育的开展未能持续。中华人民共和国成立后，随着就业政策的变迁，我国职业生涯教育经历了一个缓慢发展的过程。

（一）职业生涯教育初生时期

20世纪初，近代职业指导工作在欧美兴起，这对我国早期留学生的职业规划产生了很大的影响，一些人意识到职业指导的价值，并将职业指导思想引介回国。与此同时，中国的民族资本主义开始雨后春笋般地发展起来，教育界和实业界有识人士借鉴西方国家生涯教育理论，开始在国内推广和积极探索生涯教育实践。

1916年，周贻梅先生邀请校内外专家，在清华大学对毕业生开展职业讲座，这掀开了中国职业生涯教育的序幕。接下来，中华职业教育社创办了《教育与职业》杂志，黄炎培等在社刊上推出了《职业指导号》，刊登了介绍西方国家的职业指导理论和实践的文章，这标志着中国近代史上职业生涯教育研究的开始。此后，中华职业教育社创办了上海职业指导所，开展职业指导活动。同一时期，在南京国民政府全国教育会议上，上海职业指导所提出的相关法案获得通

第三章
国内探索：我国职业生涯教育的历史与新时代内涵

过，全国职业指导联合会成立。

这一时期职业生涯教育的发展乃至职业生涯教育理论的建立，对教育与职业的相互关系有了较明晰的阐述，这对加强教育界与职业界的衔接与合作起到了一定的积极作用。但受当时时代背景的影响，许多规定都没有付诸实践，许多爱国教育家的教育理念没能被深入地贯彻和实施。

（二）职业生涯教育混沌时期

中华人民共和国成立初期，为了解决失业问题和城镇新增劳动力问题，政府对这部分人员开展职业理念和工作技能培训，目标是解决其生存问题和旧生活方式转变问题。20世纪50年代中期到改革开放前期，劳动部门统一管理的劳动力运行制度逐步形成。此时的就业政策遵从劳动部门统一调配，各部门分工负责的原则，以政府统包统筹和固定工为特征，国家的劳动政策是指令性的，政府直接控制就业岗位，"我是革命一块砖，哪里需要哪里搬"是那个时代的典型口号。

由于劳动力固定，各单位用人往往是只进不出，工作岗位的流动机会少之又少，每个人不能自由选择职业和工作岗位，不需要思考自己的特质、能力、兴趣等与职业的关系和对职业的影响，人们的职业追求尚未觉醒，更没有对生涯发展的设想，只是被动地接受调控和安排，大多数人员"一次分配定终身"，职业生涯教育基本处于停滞状态。

显然，这段时期的人们似乎端着"铁饭碗"，按照计划分配和安排从事劳动活动并取得分配报酬，个人不需要也无需进行职业生涯规划，没有机会和空间自主进行生涯发展和管理，因为最终会有组织部门代表国家来分配工作。因此，职业生涯教育无从谈起[①]。

（三）职业生涯教育唤醒时期

进入20世纪90年代，伴随着改革开放的大潮，计划经济体制的藩篱被冲破，多元化的就业格局逐步形成。在自主择业、双向选择就业政策的指导下，劳动力实现了合理、自由流动。用人单位有了招工自主权，个人有了选择工作的自由。

1995年，原国家教育委员会（简称"国家教委"）颁布了《国家教委关于1995年深入进行普通高等学校招生和毕业生就业制度改革的意见》，给予了大多数毕业生自由择业的机会，也引入了竞争机制。对个体来说，越来越宽松的工作环境提供了更多的选择和发展空间，社会经济体制的变化使就业的机遇与失业的挑战并存。许多人开始产生对职业发展和个人需要的困惑和迷茫，开始思考如何提高自身的文化水平和素质水平，以及如何在就业市场竞争中胜出。

这一时期，个体的自我生涯教育开始觉醒，个体主体性

---

① 田必琴.我国职业生涯教育的发展历程及特点[J].法制与社会，2010(4)：216.

逐渐凸显。同时，个体的职业生涯发展需求也渐渐明了，这对组织和个人都提出了新的发展要求。生涯教育理念首先在高等教育中兴起，逐步发展到基础教育阶段，从毕业前的就业指导，逐步发展为生涯规划教育。生涯教育开始以个体自我认知为基础，职业分析为策略，帮助个体设定人生发展目标，明确人生航程方向。职业生涯教育的需求渐渐呼之欲出，生涯教育与管理发展的理念初步树立。

（四）职业生涯教育呐喊时期

进入21世纪，国内经济进入高速发展期，工作岗位对胜任力的要求逐步复杂起来，具有高学历、强职业能力和工作适应性的综合型、复合型人才受到欢迎。随着就业市场进入无边界时代，传统的工作内容、一成不变的岗位逐渐被淘汰，很少有人能够终身从事一种职业，每个人工作后都会不可避免地面临职业、企业、行业的不断发展和变化。

这一时期，进入职场的大学生在工作中寻找最适合自己的定位，在不断追寻职业改变或职务升迁的同时，越来越关注自我人生角色的实现和幸福生活的方式方法，希望从工作中获得个人价值感和成就感。人们也逐渐意识到，职业生涯固然重要，但工作并不是生活的全部，人的生活还包括很多其他方面，如学习、休闲、家庭等。如何在生涯发展中寻找平衡？面对这一问题，人们需要获得更多指导和辅助。在终身学习时代，越来越多的企业站在运营管理的角度，开始注重员工的职业教育。企业通过内部教育管理和与培训机构、政府劳动和社会保障部门以及非正式组织的合作，直接或间接地为个体的职业生涯教育提供土壤和能量，促使个人在能力水平、知识结构和综合素质等方面得到提升。

总的来说，我国的生涯教育经历了从无到有，从高等教育到基础教育的推进和发展。生涯教育是顺应社会发展和时代需求的召唤诞生的，同时又受到社会发展和时代变革的影响和制约。生涯教育的兴起，使个体发展得到尊重，职业自我选择得到充分的认可，动态发展的择业观取代了一步到位的择业观。随着社会、经济、就业环境的变化以及受教育者自身知识、能力、期望水平的提升，开展职业生涯教育能够促进个体的生命幸福和社会的良性发展。生涯教育需要站在"以人为本"的角度关注个体的成长与发展，在宽松的工作环境和自由的选择空间里，个体才能激发生命的活力，才能充分发挥潜能，在实现自我愿望的同时实现人生价值，进而促进社会的进步和发展。

二、我国职业生涯教育实践的主要方式

相较于其他国家，生涯教育在我国起步较晚。纵观我国生涯教育整个历程，虽然其发展较为缓慢，但依旧形成了一些较有影响力的生涯教育实践模式。

（一）补偿式学历教育

"文化大革命"对我国的文化传承造成了影响，青年的正常求学生涯被中断。虽然 1977 年高考恢复，但能通过高考上大学的人数量非常有限，因此，在相当长的一段时期里，职场人士的主要求学需求仍然是获得补偿式的学历教育。

补偿式学历教育的定位是普通学历教育的补充形式，其本质是一种追加教育，即在已有学历层次基础上进行的延展和提高。这种教育是由国家认可的教育机构，如开放大学、高等学校的继续教育学院以业余学习的形式，以使学生获得学历为目标而提供的专业教育。中华人民共和国教育部（简称"教育部"）下达招生计划，学生通过入学考试后，学校按照专业培养计划设置并实施严格的课程考核，学生考试合格后学校颁发学历证书。随着终身学习的理念不断深入，越来越多的职场人士重新走进校门以获取更多的专业知识。

开展补偿式学历教育的主体机构普遍缺乏分类别、分层次进行教学的现实条件，而且学员自身也存在以学历的快速获取为最终学习目标的错误认知，在学习上普遍具有目的性和功利性较强的特点，因而该类教育在具体实施过程中大多偏离了学历教育的生涯教育初衷。

后来，个别机构开始设置帮助成人学生树立生涯规划理念的教育课程，这些课程基本参照了大学生职业生涯规划的教育内容，以课程考核计入学分的形式嵌入教学计划之中，具有普教化的特点。

补偿式学历教育中的生涯辅导以学校教育为主要的实施阵地,通过对共性的问题予以点拨、澄清,以期提高受教育者的择业规划和决策的能力,而这距离"关注个体持续发展"的全面生涯教育尚有较大的差距。而且,由于授课形式以讲授为主,教学内容陈旧老套,偏重一般性的指导,此类课程忽略了个体差异,缺乏对个体发展的重视,且脱离职场人士的生活实际,因而对成人学生的吸引力不大。

总的来说,补偿式学历教育的目的在于拓宽个体生涯路径和通道,以实现个体生涯发展的更高目标。这一方式在特定时期对个体和组织生涯的发展都起到了巨大的推动作用,具有不可忽视的作用。但由于个体功利性较强、开展的主体机构条件受限制等,补偿式学历教育并未达到预期的结果和目标,其适用范围和效果较小。

(二) 以职业能力提升为重心的职业培训

从我国现有的职业培训情况来看,大部分职业培训都不以文凭和学历授予为重点,而将重心放在使学生通过学习获得与职业相关的知识和能力,从而增强其职场竞争力。职业培训的主要方式包括职业资格证书培训、企业员工培训、职业技能培训等。

随着传统业态不断步入成熟以及分工的不断细化,职业也在不断地分化和细化,这对个体的职业技能提出了新的标准和要求，个体的职业能力提升需求也更为多样。与此同时，非学历职业培训教育市场出现越来越多细分职业与技能的工作需求培训，如业前培训、转业培训、学徒培训、在岗培训、转岗培训等。此时，职业培训中的生涯教育，首先立足个体当前发展现状设置培训内容，以帮助个体应对和适应生涯发展要求。其次，职业培训也从未来和动态的视角看待个体职业发展进程，以促进和完善个体的生涯发展为核心，培养适应社会变化和职业变迁的能力。这些职业培训的主要价值在于及时更新在职从业人员的理论体系，完善其职业知识结构，优化其职业胜任力，提升其专业素养和综合素质。培训重心是培养在职从业人员的职业适应性、岗位胜任力和创新实践能力。

职业培训的承担主体有工作单位、行业协会、政府劳动保障部门、社会营利培训办学机构。培训主体开展职业培训的形式较为多样，如通过建立学习共同体的形式，开展工作场所学习，使学习者在实践中直观地领会相应的职业技能；采取学徒制的培训方式，以师傅言传身教和现场示范的形式，全面系统地向学习者传授生产劳动的技能；通过校企合作的形式，使学习者将学校课堂的理论知识应用于企业工作实践，然后将实践中发现的问题再带回学校进行重新论证和检验，从而形成良性循环，有效培养学习者的职业能力。

总的来说，以职业能力提升为重心的职业培训，形式层出不穷，既提供了更多的学习资源，增加了学习机会，拓展了学习内容和实践价值，又能有效弥补学历教育的不足。但是，职业培训式的生涯规划依然存在诸多问题，如人力资源部门在新员工入职培训中大多会提出职业规划和生涯管理、职业晋升路径等相关内容，也会从生涯规划激励机制角度对员工进行生涯教育工作，但是没有在员工生涯发展的动态过程中给予持续的关注和针对性的指导；政府人力资源和社会保障部门设立了就业促进中心负责职业培训、职业介绍、职业指导、创业指导等工作，但是其生涯教育工作尚处于萌芽状态，相关配套工作发展滞后；社会培训机构在介绍职业培训项目时会引入生涯规划的概念，对培训者作生涯指导，但其存在以营利为目的、客观性的辅导与评价不够等问题。这些问题一方面反映出职业培训的专业性依然有待提升，另一方面说明与个体生涯发展息息相关的多主体并未形成有效的合力，因此职业培训也未能真正达到预期的效果。

（三）以老年教育为主的社区教育

社区教育作为学习型社会建设的重要组成部分，在构建区域性的终身教育体系方面发挥着重要作用，同时也是个体生涯发展的重要路径之一。社区学院、社区学校积极承担社会责任，秉持"教育惠民"的发展理念，踊跃衔接职业教育、贯彻终身学习，具有综合性、开放性、全方位等办学特点。它们以服务社区发展为导向，利用各种方式整合、建设区域内的教育资源，采取不同的形式满足社区居民多元化的文化需求和学习需求。

社区教育的功能在实践中不断得以拓展，教育主体逐渐搭建起一系列有品质的学习平台，如采取不同形式开展丰富校外生活的青少年知识讲座、科普培训等活动；积极聚焦和衔接就业市场需求，为在岗人员提供相应的理论知识学习和职业资格培训、职业技能提升渠道，并使其获得相应的高等学历教育学分；在充分利用社区教育资源的基础上，开展适合老年人的教育和活动，组织开展以提高社区居民素质、丰富其精神文化生活为目的的社区休闲教育等。

社区教育的内容广泛，形式多样，有效顺应了高等教育大众化时代背景下社区居民多元化学习的需求。它为学习者实现"自治""自学"提供了便捷的条件，更使自我提升、自我完善、自我发展的学习理念深入人心。其有教无类的教学方式，使受教育对象涵盖了从儿童、青少年到耄耋老者多个年龄段的人群。

从目前的情况来看，虽然社区教育为个体提供了多样化的学习内容，其中亦包含生涯发展方面的内容，但社区教育普遍存在着诸如在职人员参与度较低、内容质量不高、专业性不足等不可回避的问题。另外，社区教育还存在着割裂化、片段化、间断性的特点，缺乏对个体生涯规划和职业发展的系统性、整体性、连续性的指导，无法满足个体的生涯发展需求。因此，社区教育虽然为生涯教育发展提供了可供选择的多元途径和方式，但其所能服务的群体较为单一，对个体生涯发展的作用有限。

(四) 以大学生为主要受众的职业咨询

生涯教育和职业指导的开展，能有效启发、调动学习者的职业生涯意识和职业自主意识，帮助学习者进行职业选择。但学习者还有很多职业适应和职业发展等方面的困惑亟待得到化解，需要教育者个体化的帮助，职业咨询服务在这种背景下应运产生。职业咨询作为生涯教育的重要方式之一，对个体的生涯发展，尤其是职业生涯发展起到了重要的答疑解惑作用。目前来看，我国职业咨询发展迅速，已经成为各类群体接触和使用最多的生涯发展方式。

职业咨询通常是职业咨询师通过一定的咨询技术、手段与方法，为咨询对象在职业发展过程中遇到的适应性问题提供指导、咨询、评估和帮助等。咨询师和咨询对象以尊重平等的立场进行沟通，具有动态的咨访关系，两者大多以语言方式进行沟通，咨询师以系统的测评作为专业辅助手段。咨询师的主要工作内容包括对个体实施生活和职业目标定向指导；提供对个人的能力、特质等方面的测评与分析；提供职场信息资料，优化咨询对象就业的策略和方法；协助咨询对象进行个人生涯决策，帮其制定职业发展计划；提高咨询对象的面试技巧、表达沟通能力及其他与职业相关的技能；帮助个体缓解工作压力，制定其面对的或潜在的工作困难解决方案。

职业咨询重视个体差异，咨询师在共性教育的基础上开展个体的教育指导工作，通过持续的、动态性的咨询和辅导，促进学习者更好地进行自我认知，帮助其设立生涯发展目标，实现自我的最优发展。同时，职业咨询师能够挖掘人的潜能，通过合理的生涯过程规划，指导个体逐步迈向生涯目标。但是，职业咨询的资格和标准认证还处于不明朗阶段，咨询的质量也参差不齐。长远来看，这种专业机构的资质和专业性也有待考证和提高，以真正实现关注个体差异性的生涯发展咨询，更好地推动个体职业生涯教育发展。

三、新时代的大学生职业生涯教育内涵

党的二十大报告明确提出"实施就业优先战略"，"强化就业优先政策，健全就业促进机制，促进高质量充分就业"[1]。大学生就业事关民生，是经济发展和社会稳定的基础。党中央和各级政府高度重视大学生就业工作，制定和出台了多项促进大学生高质量就业的政策和措施，为大学生实现更加充分、更高质量就业创造积极条件，进一步推进高校就业工作提质增效。习近平总书记在给大学生的回信中也多次提到就业相关问题，包括价值取向、职业选择和个人价值实现等，这些观点形成了关于大学生就业的重要论述，为高

---

① 习近平.高举中国特色社会主义伟大旗帜　为全面建设社会主义现代化国家而团结奋斗[N].人民日报,2022-10-26(01).

校做好就业工作提供了纲领，为大学生就业指明了目标方向。

大学生高质量就业意义重大，生涯教育是促进大学生职业定位、职业选择的重要途径和策略，与高质量就业密不可分。随着大学扩招政策实施，高等教育从精英化向大众化转变，高校毕业生规模不断扩大，2022年全国高校毕业生人数首次突破千万，此后逐年增加，2024年达到1 179万。受国际经济形势影响，劳动力市场就业岗位整体收缩，企业招工难与大学生就业难的结构性矛盾突出，大学生就业形势更加复杂严峻。为了有效解决该问题，教育主体需要站在新时代的高度，运用思想政治教育的方法，从源头上把握新时代大学生高质量就业的价值，把握新时代大学生生涯发展的内在逻辑、关键动力、面临的挑战及路径选择。

（一）新时代大学生高质量就业的价值

大学生就业事关民生、社会稳定和中国梦的实现。高校毕业生是党和国家高度关注的重点就业群体，促进大学生高质量就业对改善民生，维护政治稳定和社会、经济发展等具有重要的现实意义。

（1）大学生就业是重要的民生大事，关乎社会稳定。就业是高校毕业生获得收入的主要形式，解决好就业问题，高校毕业生的基本生活才能得以保障，毕业生才能追求和创造美好的生活。稳就业就是稳思想、稳人心，就是稳社会秩序，这是每个家庭幸福生活的保障。

（2）促进大学生高质量就业是落实立德树人根本任务的要求。习近平总书记多次强调立德树人是教育的根本任务。党的十九大报告指出："要全面贯彻党的教育方针，落实立德树人根本任务，发展素质教育，推进教育公平，培养德智体美全面发展的社会主义建设者和接班人。"[①] 2018年，习近平总书记在全国教育大会上强调，要坚持把立德树人作为根本任务，并语重心长地指出，要深化教育体制改革，健全立德树人落实机制[②]。2019年，习近平总书记在学校思想政治理论课教师座谈会上强调，思想政治理论课是落实立德树人根本任务的关键课程[③]。大学生就业是高校人才培养的最终环节，是检验高校人才培养质量的重要指标。大学生就业质量和状况，直接回答了习近平总书记关于"立德树人""为谁培养人，培养什么人，怎么培养人"的重要问题。大学生高质量就业有利于奠定大学生实现个性化发展的基础，为高校毕业生的未来生活提供更加稳定的发展空间与生存条

---

① 习近平.决胜全面建成小康社会　夺取新时代中国特色社会主义伟大胜利：在中国共产党第十九次全国代表大会上的报告[R/OL].(2017-10-28)[2024-03-05].http://politics.people.com.cn/n1/2017/1028/c1001-29613514.html

② 习近平.坚持中国特色社会主义教育发展道路　培养德智体美劳全面发展的社会主义建设者和接班人[EB/OL].(2018-9-10)[2024-03-05].http://www.xinhuanet.com/politics/leaders/2018-09/10/c_1123408400.htm.

③ 习近平.用新时代中国特色社会主义思想铸魂育人　贯彻党的教育方针落实立德树人根本任务[N/OL].人民日报，(2019-03-19)[2024-03-05].politics.people.com.cn/n1/2019/0319/c1024-30982117.html.

件，是高校落实立德树人根本任务的有力表现。

（3）大学生就业关系到经济发展。经济的稳定发展是实现大学生就业的保障，而大学生的充分、高质量就业会增强企业人员的稳定性，缓解就业矛盾，减轻企业人员流动在用工成本、生产连续性等方面带来的负面影响，进而促进经济发展。

（二）新时代大学生生涯发展的内在逻辑

改革开放以来，我国实现了从生产力相对落后到经济总量跃居世界第二的历史性突破。党的十九大根据我国国情的变化，作出新时代我国社会主要矛盾已经转化为人民日益增长的美好生活需要和不平衡不充分的发展之间的矛盾这一重大政治判断。新时代是全国各族人民不断创造美好生活、逐步实现全体人民共同富裕的时代。人民群众的期待"水涨船高"，远远超过原先物质文化需要的层次和范畴。

（1）从"物质文化需要"到"美好生活需要"，需求涵盖的范围更广、种类更多、层次更高。人们对美好生活的需求越来越强烈，更加关注自身综合素质的提升以及思想精神领域的充实，对教育、医疗、就业等方面的需求层次越来越高。大学生从择业到就业，再到职业生涯发展，以往只满足于工作岗位提供的薪酬福利等物质条件，现在则更关注工作与兴趣特长的结合、工作自由度和弹性时间，大学生对工作的需求呈现出多元化、个性化的发展趋势。

(2)"不平衡不充分的发展"强调了达成满足人民美好生活需要这一目标的主要制约因素。发展不平衡,主要是指各区域各方面发展不够均衡,制约了全面发展水平提升;发展不充分,指一些地方、一些领域、一些方面的发展还有不足的地方。对高等教育来说,毕业生的学历层次各不相同,高校之间在生源、师资力量、教育教学、经费投入等方面存在明显差异,这就导致毕业生在不同领域、不同行业所获得的就业机会、薪资待遇以及发展平台等方面存在差异。

(3)劳动力市场发展不平衡,整个就业市场对人员、资本、物资等要素无法实现最优化配置,这对高校毕业生就业质量的提升也产生了一定的消极影响。

因此,新时代促进大学生高质量就业的关键问题在于解决高校毕业生日益增加的生涯发展需求与不平衡不充分发展的就业市场、高等教育之间的矛盾。生涯教育是解决大学生就业问题的重要途径。

(三) 新时代大学生生涯发展的关键动力

党的二十大报告指出:"必须坚持科技是第一生产力、人才是第一资源、创新是第一动力,深入实施科教兴国战略、人才强国战略、创新驱动发展战略。"这一重要论述,为政府充分发挥教育、科技、人才在全面建设社会主义现代化国家中的基础性、战略性支撑作用提供了根本遵循。当前社会已经进入数字信息化时代,大数据分析、人工智能、云存储等新技术得到了广泛的推广与运用,对社会经济发展以及民众生活产生了深刻的影响。然而,以人工智能为代表的数字信息化技术对就业岗位的类型、数量与内容造成了明显的挤压,让高校毕业生高质量就业面临严峻压力。当然,这一挤压不是无情的排斥,而是更高层次的进步以及升级迭代。数字信息化技术的发展并不是造成高校毕业生就业困难的根源,而是促进他们强化专业理论基础、提升实践应用能力的重要催化剂①。

当前,科技创新日益成为我国经济增长的主动力,对就业的影响越来越大。发挥科技作为关键动力在促进高质量充分就业以及大学生生涯发展良性循环中的作用,实现教育、科技与就业之间的良性互动,对于经济社会可持续发展十分重要。近年来,我国大力推进科技创新,孕育、催生一批新产业、新业态、新职业,不断拓展新的就业空间,在促进充分就业、缓解就业压力方面发挥了一定作用,具体措施如下。

(1)大力推动新技术、新产业发展以及实体经济数字化转型,改变我国就业结构和职业类型。我国持续推动新一代信息技术、生物医药、新能源、新材料等高新技术和战略性新兴产业的发展,互联网、大数据、人工智能等数字技术同

---

① 耿明,刘海燕.新时代高校毕业生高质量就业的内在逻辑与政策路径[J].连云港师范高等专科学校学报.2023,40(4):89-95.

产业加快深度融合，有效催生了新的产业和就业增长点。2018年，国家发布《关于发展数字经济稳定并扩大就业的指导意见》，提出加快培育数字经济新兴就业机会，持续提升劳动者数字技能，大力推进就业创业服务数字化转型和不断完善政策法律体系。中华人民共和国人力资源和社会保障部（简称"人社部"）2022年颁布的新版国家职业分类大典较2015年版净增加158个新职业，其中97个是与数字经济有关的职业。东北师范大学和阿里研究院共同发布的《高校毕业生数字经济就业创业报告》显示，在2020—2022届高校毕业生中，有11.68%的人在数字经济相关行业就业或创业。这意味着，每10名高校毕业生中，就有1人进入数字经济领域就业或创业，且此项占比呈现逐年升高的趋势。2023届高校毕业生中，有意愿在数字经济相关行业、领域就业创业的人员占总人数的比例为20.84%。

（2）大力推动科技创新创业，提高社会生产力和就业吸纳能力。近年来，我国出台了一系列鼓励支持科技创新创业的政策，并积极推动国家高新区、自创区以及众创空间、孵化器等各类创新创业平台的发展，营造创新创业的良好环境和条件。《中国创业孵化发展报告（2022）》显示，截至2021年年末，全国创业孵化机构数量超过1.5万家，在孵企业和创业团队接近70万家，共吸纳近500万人就业，其中应届高校毕业生超50万人。除持续开展全国大众创业万众创新活动周、中国创新创业大赛等活动外，2020年国家又启动实施了"科技创业带动高质量就业行动",通过加强科技创新创业,带动新就业。

(3) 积极开发科研助理岗位,吸纳高校毕业生就业。2022年,中华人民共和国科学技术部、教育部、财政部、人力资源和社会保障部、国务院国有资产监督管理委员会、中国科学院、国家自然科学基金委员会联合印发《科技部等七部门关于做好科研助理岗位开发和落实工作的通知》,要求部属高校、中央院所、中央企业等单位,国家高新区和自创区以及各地方加大科研助理岗位开发力度。2022年,承担各类科技计划项目的相关机构开发科研助理岗位超10万个,持续吸纳高校毕业生就业。

(四) 新时代大学生生涯发展面临的挑战

1. 技术进步带来就业结构的变化

当前,我国经济持续回升向好,但稳就业保民生任务仍然艰巨。与此同时,ChatGPT等AI模型应用的出现,引发了人工智能可能消减工作岗位、带来大规模失业的担忧。事实上,历史经验表明,技术进步带来了就业结构的变化,但并没有导致就业总量的缩减,技术最终创造的就业机会总是比它取代的多。世界经济论坛《2020未来就业报告》预计,到2025年,新技术的引进和人机之间劳动分工的变化将导致8 500万个工作岗位消失,但也将创造9 700万个新的工作岗位。

新技术提升了毕业生的就业质量,也对大学毕业生的技能和素质提出了更高要求。世界银行等的研究表明,新技术正在改变工作所需的技能。产业和组织模式的快速迭代意味着个体劳动者将在其职业生涯中从事越来越多的差异化工作,工作和生活都变得更具流动性,个体需要具有坚实的人力资本基础并进行终身学习。[①] 因此,人们需要更加注重对自身"通用技能"的培养,提升整体素质,以适应未来职业结构和工作性质的变化,从而能够更容易地在不同地域、职业和行业之间进行流动。国家需要加强大学的科学教育,注重对个体"通用技能"培养;大力开展各类科技赛事、科普活动,鼓励各种小发明、小创造,激发大学生对科技创新的内在兴趣,培养他们勇于探索、思考和解决问题的"通用"能力,使他们更好地适应未来工作岗位的需求,具备更好的创新创业素质。

2. 多元化运营模式拓展新就业形态

以人工智能、数字技术为代表的新科技催生了大量新产业、新业态、新模式,关注胜任力的无边界工作和灵活工作对人才的需求日益增长。对通信和计算机技术专业的毕业生来说,传统领域的岗位结构发生变化,互联网产业的快速发展、新基建提速工程使该类人才深受市场青睐。

---

① 张文霞,石长慧,卢阳旭.以科技创新促进高质量充分就业[N/OL].科技日报,(2023-07-19)[2024-04-20]. https://digitalpaper.stdaily.com/http_www.kjrb.com/kjrb/html/2023-07/19/content_556240.htm?div=-1.

虚拟组织、远程办公、网络微店正在演变为现代组织的基本形态①。据全国高等学校学生信息咨询与就业指导中心数据统计，2020届全国高校毕业生中，灵活就业的人群占比为16.9%，2021届高校毕业生中，灵活就业人群的占比为16.25%②，新就业形态逐渐成为未来劳动力市场的重要特征。新业态使各行业持续加快人才战略升级，对创新型复合人才提出更高要求。对高校毕业生来说，企业对人力资本积累提出更高要求，如许多用人单位在招聘时除了考察毕业生本专业的知识技能外，对其数字化的"软技能"也更加关注。

毕业生就业形式突破了传统雇佣模式，去雇主化特征明显。劳动者不再为单一雇主提供服务，而是根据平台提供的信息，自主选择服务对象，如依靠网络技术和直播平台，毕业生可以从事视频制作、播音主持等自媒体职业，在获取部分报酬的同时兼顾个人兴趣和工作自由。平台型灵活就业形式出现，很多人与平台建立联系，通过平台面对市场。"自由职业""自主创业""其他灵活就业"等非标准就业占比呈显著上升趋势。有研究发现中国目前自由职业者中超过七成

---

① 苏丽锋，赖德胜.高质量就业的现实逻辑与政策选择[J].中国特色社会主义研究，2018(2)：32-38.
② 国家发展和改革委员会就业司.关注灵活就业大学生群体[EB/OL].(2021-11-17)[2024-04-20]. https://www.ndrc.gov.cn/fggz/jyysr/jysrsbxf/202111/t20211117_1304160.html.

是 85 后①。在就业形态变革过程中，如何顺应变革，有效改善劳动力市场制度缺失的现状，是新时代就业领域面临的重大挑战。

3. 大学生择业面临"慢就业"困境

"慢就业"现象并非一个新的话题，最早研究"慢就业"的中文文献出现在 2015 年。从语义学来说，"慢"有"从缓"之意，"慢就业"即从缓就业，指毕业生放缓求职步伐，推迟就业时间的现象。"慢就业"既不等于"不就业""就不了业"，也不完全等于"有业不就"。它是当代部分高校毕业生一种告别"毕业即工作"传统模式的行为。不同研究者对"慢就业"进行了不同的概念界定。

有研究认为"慢就业"是当下衍生的一种关于大学生择业观的新型就业现象，主要指部分毕业生毕业后既不打算立即就业也不打算继续深造，而是选择以暂时游学、兼职或者创业考察等方式，慢慢探索人生之路的现象②。也有研究认为"慢就业"是指大学毕业生因各种原因延长工作选择的时间，导致在一个较长的时期内没有参加较为正式、相对稳定的工作③。

---

① 张车伟.人口与劳动绿皮书：中国人口与劳动问题报告 No.18 新经济 新就业[R].北京：社会科学文献出版社,2017：174-188.
② 郑东,潘聪聪.大学生提速"慢就业"的服务策略[J].江苏高教,2019,216(02)：81-84.
③ 郑晓明,王丹.高校毕业生"慢就业"现象的成因与治理策略[J].社会科学战线,2019,285(03)：276-280.

还有研究者对不同类型"慢就业"进行概念界定。"主动慢就业"是指毕业生因为家庭条件较好，不需要急着就业，选择以考研、出国游历等方式去探索更为广阔的世界的现象。毕业生选择慢慢充实和提高自己，以期在今后寻找薪资待遇更高、更适合自己的工作，或者自主创业；"被动慢就业"指受高校扩招的影响，在激烈的工作岗位竞争中，毕业生因各种原因而不得不推迟就业时间的现象[①]。

总而言之，无论是主动型还是被动型，"慢就业"的最终结果是就业，但其区别于传统就业的特点是"慢"，是毕业生迫于各种压力或自主选择的"暂时性非就业"状态[②]，即青年毕业后并未立即走入职场，而是"放缓""延迟"了就业，体现为较常规而言耗时更长的初职获得时间[③]。

高校毕业生"慢就业"现象产生原因主要分为以下几类。

（1）社会原因。在供给侧改革背景下，大学生的就业面临新的挑战，劳动力供求结构不一致，导致大学生结构性失业，如专业设置和社会需求不相适配，学生素质和社会需求

---

① 刘宇文.当前高校毕业生"慢就业"现象研究[J].人民论坛·学术前沿，2019，180(20)：69-75.
② 高娟，翟华云.人力资本、家庭状况与毕业生"慢就业"：基于民族院校的调研数据分析[J].中南民族大学学报（人文社会科学版），2022，42(07)：135-142+186.
③ 宋健，胡波，朱斌辉."慢就业"：青年初职获得时间及教育的影响[J].青年探索，2021，236(06)：25-34.

不相适配等导致大学生就业变得更加困难①。还有学者认为，高校扩招后，大学生的规模越来越大，而社会人力成本在不断提高，这些因素加剧了就业难度。其中高职院校毕业生就业难、就业慢的形势更加严峻。

（2）家庭因素。随着社会经济的发展，居民人均可支配收入逐年增加，部分毕业生少了一毕业就要承担家庭经济的压力，没有了毕业后亟需就业来谋生的"后顾之忧"。这些毕业生从小家庭环境较为优越，不缺乏物质基础，接受过良好的素质教育，其父母注重对子女兴趣特长的培养。他们在求职选择时更注重自我实现的需要，他们的家长对其"慢就业"持包容、接纳甚至是鼓励的态度，这也导致这些毕业生对就业有更高期待，进而促进了"慢就业"的出现。

（3）个人因素。一些大学生对大学期间的生活和学习缺乏必要的规划，没有制定合理的奋斗目标，职业规划不明确、专业技能不足等原因导致他们毕业时陷入"迷茫"困境。② 大学生缺失自我认同，未能找到自己的兴趣所在，对于自身的优势与不足也没有清晰的认知，自我认知缺失带来的客观自我评价失真导致大学生对职业发展认知不足。此

---

① 谢梦.95后"慢就业"现象研究及对策分析[J].湖北开放职业学院学报，2020,33(23):60-61.
② 陈海菊,张丽玲.后疫情时代高校毕业生"慢就业"现象探析[EB/OL].(2022-11-25)[2024-04-05]. https://dxs.moe.gov.cn/zx/a/fdy_bjtj_llsk/221125/1761107.shtml.

外,还有的学生热衷寻找"稳定"的工作、专业对口的工作,导致就业"慢"。[①]

(4)学校因素。高等院校为了迎合市场需求,在专业设置时往往求全、求热,这就导致大规模培养出的人才存在专业趋同的问题,而各高校差别不大的"工厂式"人才培养模式,更是加剧了人才的相似性,这些都导致高校毕业生在寻找工作时面临同质化竞争,容易造成总量性失业现象[②]。此外,学校生涯教育的缺失也是一个重要原因。目前,高校虽然普遍开展了各种类型的生涯教育和就业指导工作,但因为教师队伍良莠不齐、缺乏相关课程体系、很多课程无法落实等,成效非常有限[③]。

"慢就业"作为一种"非主流"的现象,存在很多弊端,但也有人认为其存在有利的方面,要辩证地看待"慢就业"。

(1)"慢就业"的弊端是,大学生毕业后如长期处于"迷茫不行动"的状态,就可能变得慵懒、散漫,甚至从"慢就业"向"啃老""不就业"转变;"慢就业"不利于社会整体失业率的下降,从而可能对国家的宏观经济发展带来不良影响,造成"资源浪费";"慢就业"还可能会引起"读

[①] 胡骥.浅析当代工科本科生就业观问题的形成与未来发展[J].中小企业管理与技,2018(11):120-121.

[②] 刘宇文.当前高校毕业生"慢就业"现象研究[J].人民论坛·学术前沿,2019(20):69-75.

[③] 郑晓明,王丹.高校毕业生"慢就业"现象的成因与治理策略[J].社会科学战线,2019(03):276-280.

书无用论"的消极影响①。

（2）"慢就业"的有利方面是，"慢就业"毕业生能避开就业高峰期，在毕业求职季放缓脚步，进一步深造充电，或继续考察就业市场，或为创业进行调研，以增强自身职业综合能力②。

（五）新时代提升大学生职业生涯教育质量的路径选择

1. 凸显思政育人理念，坚持习近平新时代中国特色社会主义思想指导

思政教育在大学生生涯教育中应发挥核心引领作用。大学生只有具备了较强的思想政治素质，才能够顺畅地接受生涯教育。思想政治教育中包含了大学生法律素质、职业道德素质，以及职业活动中的道德法律等多方面的教育课程，个体的思想政治素质在一定程度上决定着他们的成长方向，思想政治素质是大学生成长成才的关键要素。

2016年，习近平总书记在全国高校思想政治工作会议上强调，我国高等教育发展方向要同我国发展的现实目标和未来方向紧密联系在一起，为人民服务，为中国共产党治国理政服务，为巩固和发展中国特色社会主义制度服务，为改革开放和社会主义现代化建设服务。思想政治教育与大学生

---

① 徐瑞瑞,赵艳婷,李紫睿.浅谈大学生慢就业现象[J].现代营销（信息版），2020(01)：217.

② 吴蒙蒙.职业生涯规划视角下高校毕业生慢就业现象成因及对策探析[J].黑龙江科学,2020(10)：162-164.

生涯教育的合理融合，关键在于坚持国家需要与人的全面发展有机结合，在于引导大学生把个人职业理想与国家战略、国家需要结合起来，在历史发展的现实大背景下合理职业定位。高校职业规划课程需要在习近平新时代中国特色社会主义思想的指导下，在思政育人的大框架下，发挥其重要载体和实践平台的作用；与思政教育共同服务于立德树人的根本任务，在"立德"上形成"交集"，并努力在实现"树人"过程中凝聚合力。①

2. 以生涯适应与发展为目标，提高生涯教育专业化和精准化水平

生涯教育不只指导学生毕业后顺利就业，还包括让学生拥有适应社会的可持续发展能力。生涯适应力是指个体在各种工作任务及角色转变中进行自我调整的准备状态或社会心理资源，体现了个体在生涯发展过程中面对外部挑战所具备的核心能力。②随着经济全球化和信息技术革命的到来，激烈的市场竞争加剧了外部环境的不确定性，传统的雇佣方式被灵活多样的、短期的劳动关系替代，无边界、易变性职业生涯兴起。面对外部环境的巨大变革，不少大学毕业生在进行职业规划和目标确定的时候，还保留着"一步到位"的职

---

① 马景惠.大学生生涯规划中思政育人的实践路径探析[J],思想政治教育研究,2022,38(03):148-152.
② 关翩翩,李敏.生涯建构理论：内涵、框架与应用[J],心理科学进展,2015,12,(23):2177-2168.

业幻想,盲目参加公务员考试和编制考试(简称"考公、考编"),追求"体制内"安稳的工作。以促进就业为目标,以实践为基础和途径的生涯教育,需要扎根中国情境,立足学生多元化发展需求和外部现实,以培养个体生涯适应力为目标,提高教育的专业化水平。

生涯发展具有个体独特性,生涯成功与否的判断也具有个体主观性。生涯教育需要强化学生主体参与度,逐步唤醒其自身生涯意识,进而引导他们健全精神追求、树立科学的职业价值观。借助互联网、大数据等先进的信息交互手段,教师可以通过创建大学生职业生涯发展档案,及时掌握学生兴趣特长、能力需求、目标定位等现实状况,再合理利用相关职业心理测评工具,深入剖析学生职业选择的内在驱动力,精准建构每一个学生的生涯发展模型。在兼顾大学生群体特点的基础上,生涯教育要强化个体咨询辅导,针对每个个体在生涯发展过程中遇到的具体问题,给予有针对性的、个性化的辅导,提高学生生涯适应力,提高生涯教育精准化水平。

3. 理性看待"慢就业",构建全方位生涯教育支持体系

根据舒伯提出的生涯发展理论,个体职业发展可以分为成长期、探索期、确立期、维持期、衰退期5个阶段。舒伯认为,职业选择涉及复杂的个人和环境因素,因此并不存在一个最合适的职业;相反,为了更好地适应工作,个人必须在人格特质、兴趣、潜能、价值观之间作出让步。也就是说，人生在不同阶段有不同的职业任务，而在不同生涯阶段能否成功适应环境和个体需求，取决于个人的准备度。

毕业生"慢就业"的影响因素来自个人、家庭、社会、学校多方面。毕业生进入职业建立期之"慢"，实质可能是因其生涯阶段目标不明晰或不合理引起的职业准备程度不足，具体表现在以下四个方面。

（1）在多年的求学生涯中，学生在面对学校和专业等重要选择时多参照家长意见，自身生涯目标不明晰。当学习生涯终止、职业生涯开启时，目标模糊或选择偏误的结果在求职时开始显现，部分学生开始以专业冷门、准备不足等为由逃避就业现实，或是索性听任父母安排，在逃避与消极等待中放慢了就业节奏。

（2）学生应以需要、情感、认知、价值取向和亲身经历去理解和感受与职业相关的体验，从而对职业目标形成独特的领悟。部分学生选择延迟就业正因缺乏此过程，已有的职业体验未能让他们产生兴趣和目标，所以他们寄希望于通过体验生活、旅行等方式来实现进一步的探索。

（3）高校与企业虽然提供了实习和实践的机会，但多强调对职业技能的体验，学生在完成既定实习任务的同时，对职业意识、职业感受、职业发展等促进职业兴趣的体验和经验相对不足，难以发起有目标的探索行动。

（4）部分毕业生在父母的经济支持下暂不工作也能衣食无忧，因而他们选择在完成学业任务后越过探索期、直奔确立期，慢慢追求自己理想中"地位好""待遇高""有前途"的"好工作"。也有学生受一些社会观念的影响，将事业单位、公务员、教师等体制内工作确立为就业目标，在追求目标的过程中放慢了就业步伐。

因此，要理性看待毕业生"慢就业"选择，就必须从社会、家庭、学校和个人等全方位入手，构建生涯教育支持体系，具体表现为以下四个方面。

（1）社会要完善就业扩容机制，设立专项经费用于各阶段生涯教育、辅导咨询、培训服务和软硬件的建设等，建立共享性的区域和网络系统，保障大学生生涯教育和就业支持。

（2）家庭作为学生成长的第一教育环境，对毕业生的就业影响是多方面的。家长需要与时俱进，认识到就业市场的多样性和变化性，鼓励子女勇于尝试不同的职业路径，避免过度干涉或施加压力。此外，家长还要加强与子女的沟通，了解他们在就业进展中遇到的困难，给予鼓励和支持。

（3）学校要以人才培养为根本出发点，根据市场需求和产业发展调整专业设置和课程内容，提高学生的职业适应能力和竞争力。学校的就业指导部门要建立完善的就业指导体系，为学生提供职业规划、求职技巧、就业信息等方面的支持，并利用校企合作、校友资源等渠道，为学生提供更多的实习和就业机会。

（4）个人作为就业选择的主体，要尽早、尽快明确职业定位与目标，从个人兴趣、能力出发，结合就业市场和行业动态，合理制定和调整求职计划，通过参加实习、社会实践等活动，积累工作经验、提高实践能力。个体还应保持积极的心态，主动出击，积极参加招聘会、投递简历、参与面试等活动，争取更多的就业机会。

4. 打造数字支撑平台，畅通生涯教育终身学习渠道

数字化为高等教育带来了新机遇，也为生涯教育转型升级提供了有力支撑。高校要应用好数字化技术，搭建支撑学生学习、教师教学、学校管理且面向社会的生涯教育平台，满足毕业生成长成才需要。这需要高校做到以下三点。

（1）开发生涯教育和职业培训在线课程。高校应围绕提升学生自我效能感、自我认同感、职业认知度等内在心理指标，以及培养学生组织协调、沟通交流、团队合作等核心职业能力，重构学习方式，打造随时学习、处处学习的智慧学习环境。

（2）建立健全生涯教育数字化平台。高校应推进生涯教育大数据管理，系统采集学生生涯发展信息资料，建立监管生涯教育活动的信息化体系，完善学生成长档案记录，提升生涯教育评价的真实性和客观性。

（3）提高生涯教师数字化专业能力，开发数字化培训课程和项目，打造全周期培训体系。高校应鼓励教师利用信息化手段改革教学方式方法，采用线上线下混合式教学，打破教育教学时空限制，促进学生自主学、多样学、个性学，提高学习实效。

未来社会是智能化学习型社会,生涯教育需要运用数智化培养手段,树立大学生正确评估自我、积极乐观的人格品质和正确的就业价值观,加强大学生职业规划意识,帮助大学生制定科学的职业发展目标。生涯教育也要注重职业能力培养过程,增加大学生校内外实习实践机会,提高其职业探索频率和覆盖面,增强大学生适应性和持续学习能力。生涯教育还要增加就职后学历教育和职业能力提升的机会,优化在职学历提升计划,做好当下教育与终身教育的结合。

第四章
实证研究:来自上海市部分高校的问卷和访谈调研分析

一、相关概念界定

"慢就业"是新时代背景下大学生生涯发展和职业选择时出现的新问题,这一现象引起了社会各界的关注。2022年,本研究团队以上海市部分高校大学生为对象开展实证研究,探索他们"慢就业"背后来自个人、家庭和社会各方面的深层次原因,为新时代大学生生涯教育理念重塑提供调研案例和数据支撑。

为更好地解读"慢就业"现象,从不同视角探索大学生"慢就业"的根源,调研组以问卷调研和半结构化访谈的方式开展研究。

(一)"慢就业"毕业生的操作性定义

根据相关研究对"慢就业"的界定可知,高校毕业生"慢就业"区别于正常就业的特点在于"慢",是由于主客观的条件延缓了就业进程导致的一种"暂时性未就业"状态。调研组对"慢就业"毕业生的操作性定义是:以毕业当年7月初为离校期限,在该时间点被学校登记为"未就业"的毕业生。

(二)"慢就业"的分析指标

本研究对"慢就业"的状态从多指标进行分析,具体如下。

1. 就业状态

就业状态可分为已入职、持续求职中、准备升学、没计划等几类。

2. 就业收入

部分找到工作和在备考或求职期间灵活就业的毕业生拥有就业收入。这是一种客观的评价指标。调研组对调研群体中高校毕业生初级薪资水平进行多档划分。

3. 就业满意度

就业满意度是一种主观评价指标，是指毕业生对当前就业状态的满意程度。有些毕业生已经入职工作，但出于职业期待或薪资收入方面的不满，就业满意度可能并不高；而有些毕业生即便在家没有工作收入，对当前就业情况的满意度也可能较高。

（三）"慢就业"的成因分类

社会认知职业生涯理论认为，在进行职业选择时，人们更愿意从事自己喜欢且预期结果好的职业，同时环境因素、个人背景因素会作用于其职业目标和行为的选择[1]。职业选择过程受到三大因素的共同影响：来自个体的自我效能感、结果预期及目标。个体职业目标的产生，除了受自我效能感（求职信心）和职业期待的共同影响，还受到来自外部环境

---

[1] 范媛吉.基于社会认知职业理论的高校职业生涯教育模型构建[J].山东社会科学,2016(6)：365-367.

的影响，如家庭、亲友、导师的支持或阻碍，以及社会大环境的影响。如此，社会、个人、家庭和学校四大因素共同影响，同时在毕业生就业过程中发挥作用。本研究从上述四大因素入手，对毕业生的"慢就业"现象展开调研分析。

1. 社会因素

社会因素是指会影响高校毕业生就业进程和就业质量的经济、政策、风气等社会层面因素，一般包括就业政策、保障制度、经济状况、地方政策等，在调研中包含经济发展、就业政策、教育政策、社会风气等方面。

2. 家庭因素

家庭因素是指影响毕业生职业选择和就业进程的来自原生家庭的因素，一般包括家庭经济状况、家长职业、家长学历、家长思想观念等。调研中包含家庭经济基础、家长职业偏好、家庭对子女的职业指导情况、家长思想包容度等方面。

3. 学校因素

学校因素是指大学生在校期间高校为学生就业提供的各种支持条件，一般包括就业指导、专业设置、教学质量、课程设置等，在调研中包括就业指导、人才培养、校招质量、导师指导等方面。

4. 个人因素

个人因素是指毕业生为就业准备的能力素质（包括心理状态），一般包括学习成绩、实践经历、工作能力、职业素养、就业观念等,在调研中包括就业能力、职业定位、自我认知、职业期望、求职信心等方面。

二、问卷调研分析

(一) 研究设计及基本情况

1. 研究方法

调研组收集了大量高校毕业生"慢就业"领域的国内外研究,厘清了"慢就业"的研究现状,确定了调研组的理论框架、研究问题。调研组采用访谈法对2名"慢就业"毕业生和2名高校教师进行了开放式访谈,对访谈内容进行分类和重新整合,以作为问卷制作的参考资料。由于"慢就业"相关研究尚无国内外权威问卷和量表,本次调研问卷均为自编问卷,参考了徐雨朦[①]、谢铅玉[②]等的研究成果,邀请了上海市部分高校就业指导中心教师对问卷进行修订完善。

本次调研面向高校学生(含往届生)、高校教师和用人单位三类不同群体开展,分别设计大学生就业状况调查问卷(教师版)、大学生就业状况调查问卷(学生版)及大学生就业状况调查问卷(用人单位版),具体内容参见本书附录。

---

① 徐雨朦.''慢就业''现象的成因、影响及对策研究:以南昌市高校为例[D].江西财经大学,2018:52-57.
② 谢铅玉.高校毕业生"慢就业"现象影响因素与对策研究[D].中国矿业大学,2021:66-69.

2. 问卷设计及发放

本次调研采取分层随机抽样法。按照人才培养主体功能和承担科学研究类型等方面的差异性，上海市教育委员会将上海高校划分为"学术研究、应用研究、应用技术和应用技能"四种类型。本研究参照上述分类，选取上海地区上海立信会计金融学院、上海对外经贸大学、上海商学院、上海工程技术大学、上海应用技术大学、上海师范大学、上海政法学院、上海旅游高等专科学校、上海思博职业技术学院共9所应用型高校师生及用人单位发放调研问卷，其中应用研究型高校2所，应用技术型高校5所，应用技能型高校2所。调研组在每所高校内发放学生问卷300份，共2 700份；发放教师问卷20份，共180份。此外，调研组发放用人单位问卷100份。

本次调研全部采取线上形式开展。

3. 回收问卷基本情况

1) 高校学生

如前所述，本次调研面向高校学生共发放调研问卷2 700份，回收问卷2 625份，问卷回收率97.22%。

在收回的问卷中，从性别来看，男生999人，占38.06%；女生1 626人，占61.94%；从学科分布来看，经管、教育类学生占38.28%，理、工类学生占33.82%，文、史、哲类学生占14.97%，艺术、体育及其他类学生占12.93%；从学历层次来看，本科生及本科毕业生占

66.44%，专科生及专科毕业生占 28.50%，硕士及以上学历的在校生与毕业生占 5.06%；从家庭经济状况来看，61.71%的学生自评家庭条件较差，27.73%的学生自评家庭条件一般，10.56%的学生自评家庭条件良好及以上。

2）高校教师

如前所述，本次调研面向高校教师共发放调研问卷 180 份，回收问卷 179 份，回收率 99.44%。

在收回的问卷中，从教师所属高校类型看，应用技术型高校教师占 38.94%，应用研究型占 35.59%，应用技能型占 25.47%；从被调研教师身份来看，学院的就业工作相关教师占 47.20%，专业教师占 22.98%，其他行政人员占 15.53%，就业中心教师占 11.18%，其他高校工作人员占 3.11%。

3）用人单位

调研组选择录用毕业生较多的用人单位发放调研问卷。问卷采取线上形式发放，共 100 份，回收 95 份，回收率 95.00%。

在收回的问卷中，从单位性质来看，国有企业占 44.43%，民营企业占 30.16%，外资或合资企业占 15.87%，事业单位、政府部门及其他类型占 9.54%；从所属行业来看，商务服务业占 25.40%，金融保险业占 23.81%，制造业占 14.29%，零售业占 7.93%，信息技术业占 6.35%，教育业及其他类型占 22.22%。

(二)针对"慢就业"毕业生的问卷分析

1. "慢就业"毕业生就业相关情况调研

1)就业现状

调研组将"慢就业"毕业生现状分为准备技能证书考试、准备考研(含再次考研)、持续求职、备考公务员或事业单位、已入职、没计划六种情况。调研结果如图 4-1 所示。

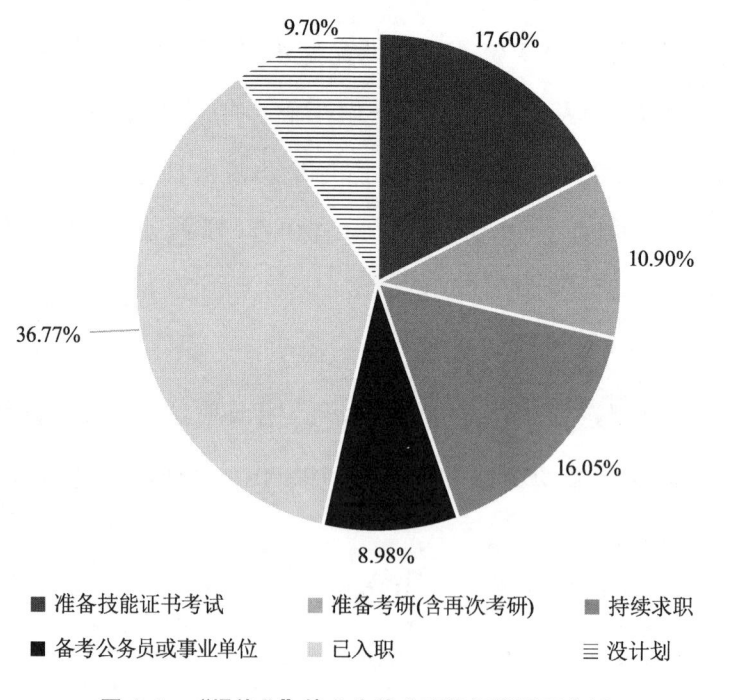

图 4-1 "慢就业"毕业生就业现状问卷调研分析

在所有参与调研的毕业生中(当年度毕业生及往届生),"已入职"的占 36.77%,"准备技能证书考试"的占 17.60%,

"持续求职"的占16.05%,"准备考研"的占10.90%,"备考公务员或事业单位"的占8.98%,"没计划"的占9.70%。

2) 薪资收入情况

如图4-2所示,在所有参与调研的"慢就业"毕业生中,月收入"低于3 000元"的占13.41%,"3 000~5 000元"的占16.77%,"5 000~7 000元"的占11.98%,"7 000元以上"的占20.24%,"暂无收入"的占37.60%。

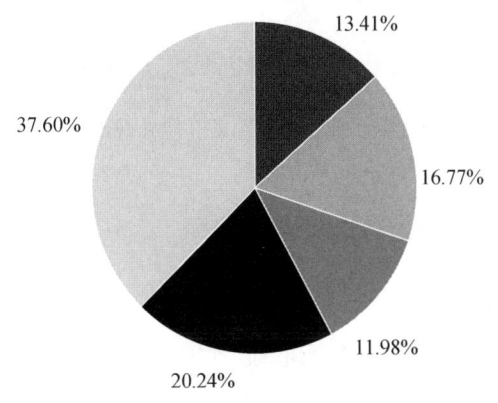

图4-2 "慢就业"毕业生薪资收入情况问卷调研分析

3) 就业满意度

如图4-3所示,在收回的问卷中,从"慢就业"毕业生的就业满意度来看,表示"满意"的毕业生占总体的6.71%,表示"较满意"的占23.95%,表示"一般"的占53.17%,表示"不太满意"的占16.17%。由此可见,大部分毕业生对"慢就业"现状并不认可。

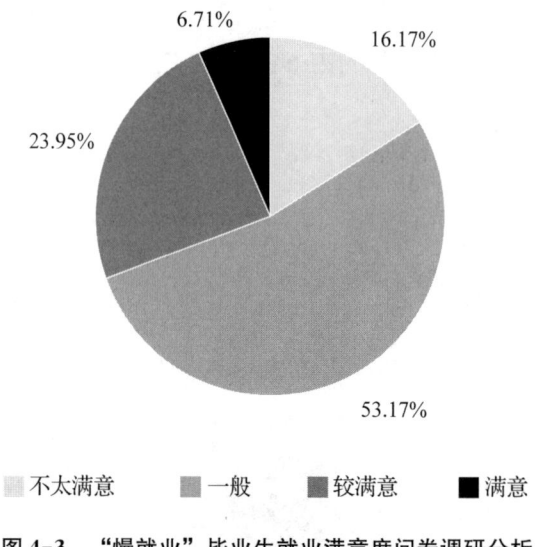

图 4-3 "慢就业"毕业生就业满意度问卷调研分析

2. 毕业生"慢就业"关联因素调研

1) 个人因素

一是,"慢就业"毕业生的职业价值观。

如图 4-4 所示,在回收的问卷中,当调研组问及"慢就业"毕业生择业时考虑的因素(此题为多选题),78.97%的毕业生优先考虑"薪资福利",53.07%的毕业生看重"岗位发展前景",46.10%的毕业生看重"就业区域",34.17%的毕业生看重"工作稳定性",31.47%的毕业生看重"企业氛围和人际关系",25.03%的毕业生看重"个人职业发展",12.30%的毕业生看重"兴趣"。由此可见,薪资待遇、发展前景、就业地点等现实需求依然是毕业生就业看重的因素。

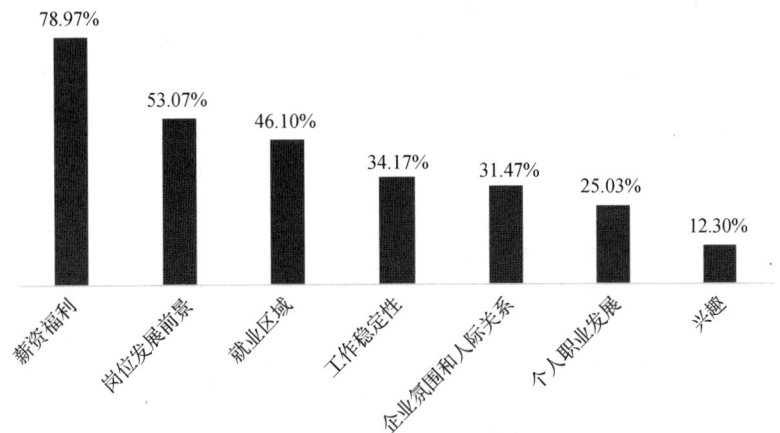

图 4-4 "慢就业"毕业生职业价值观问卷调研分析

二是,不同专业的"慢就业"毕业生现状。

为比较不同专业"慢就业"毕业生现状,调研组把参与调研的毕业生专业分为"理、工类""文、史、哲、法类""艺术、体育类""经管、教育类"及"其他"。结果如图4-5所示,在所有参与调研的"慢就业"毕业生中,"理、工"类专业"已入职"的占比最高(48.19%),其次是"经管、教育类"(34.60%),"文、史、哲、法类"占比最低(16.83%)。在"准备考研"的群体中,"经管、教育类""理、工类"专业毕业生占比排行前二,分别是12.66%和11.42%。"艺术、体育类""文、史、哲、法类""其他类"毕业生中"准备技能证书考试"的占比较高,分别是40%、31.68%、29.32%。"持续求职"的毕业生中,占比排在前三的依次是"艺术、体育类""其他""文、史、哲、法类"专业。

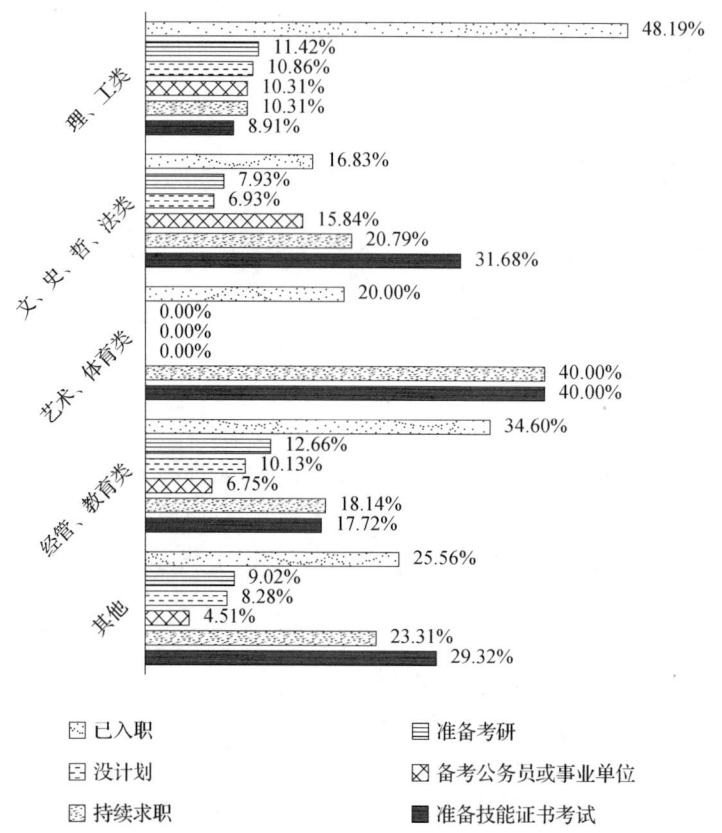

图 4-5 不同专业"慢就业"毕业生现状差异问卷调研分析

调研组继续运用 SPSS 23.0 进行卡方检验,发现这种差异在统计学上具有显著性意义($x^2 = 61.93$,$P<0.01$)。这说明虽然被调研人员都是"慢就业"毕业生,但不同专业的毕业生生存现状并不相同。

三是,不同学历"慢就业"毕业生求职耗时差异。

调研组对毕业生求职耗费的时间进行分档,分为"1 年以上""6~12 个月""3~6 个月""3 个月以内"和"尚未就业",接着再对不同学历毕业生的求职花费时间进行交叉分析，结果如图4-6所示：在"慢就业"的专科毕业生中，"尚未就业"的人群占比最高，为51.27%，排在第二的是求职耗时"3个月以内"的，占比为44.30%。在针对"慢就业"本科毕业生的问卷调研中，排在第一的是"3个月以内"，占47.83%，第二是"尚未就业"，占比为36.16%，排第三的是"3~6个月"，占比为13.50%。在对"慢就业"硕（博）士毕业生的调研中，排第一的是"尚未找到工作"，占比为37.57%，第二是"3~6个月"，占比为34.18%，之后依次是"6~12个月""1年以上"。

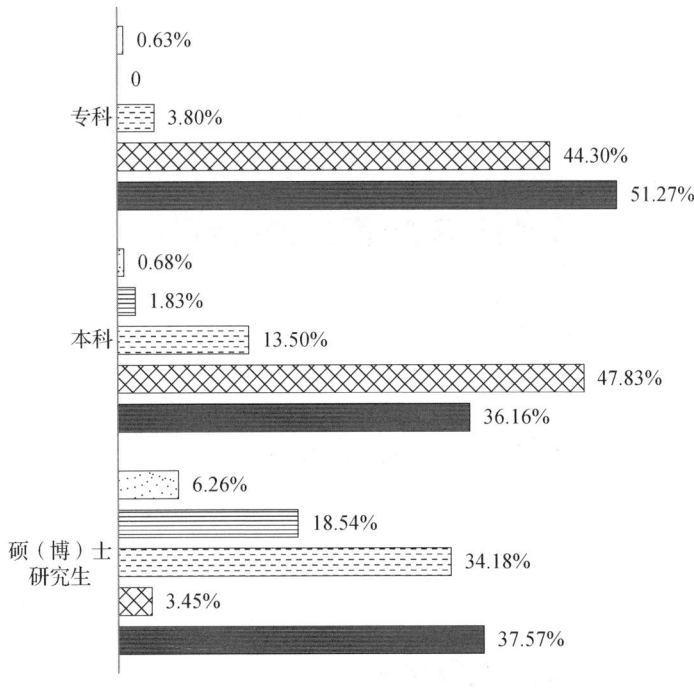

图4-6 不同学历"慢就业"毕业生求职耗费的时间差异问卷调研分析

调研组运用 SPSS 23.0 进行卡方检验，发现这种差异在统计学上不具有意义（$x^2 = 20.67$，$P = 0.058$，$P＞0.05$），这说明不同学历"慢就业"毕业生在求职上所花费的时间不存在显著差异。

四是，不同学历"慢就业"毕业生薪资收入差异。

调研组对不同学历"慢就业"毕业生的就业收入情况进行比较，将月就业收入按照"7 000 元以上""5 000～7 000 元""3 000～5 000 元""低于 3 000 元"以及"暂无收入"（专心考研、考证、考公等的学生暂无固定收入）几个档位进行划分。结果如图 4-7 所示：专科毕业生中，"暂无收入"人群

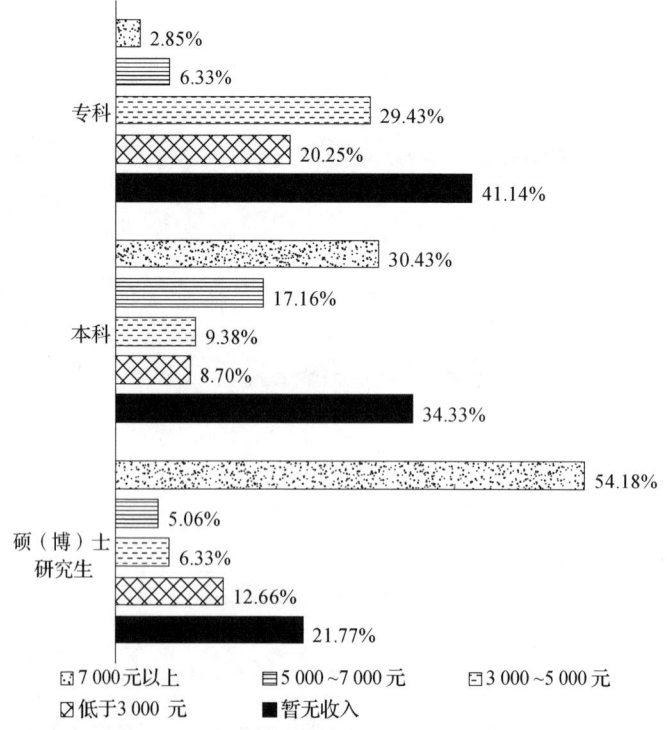

图 4-7　不同学历"慢就业"毕业生就业收入差异问卷调研分析

的占比最高,为41.14%,在有就业收入的部分中,比例最高的为"3 000~5 000元",占比为29.43%,收入"7 000元以上"的毕业生仅占2.85%;本科毕业生中,"暂无收入"的人群比例最高,为34.33%,排在第二的为"7 000元以上"的人群,比例为30.43%,数据整体呈明显的两极占比大、中间档位占比小的特点;硕(博)士毕业生群体中,"7 000元以上"的比例最高,为54.18%,排在第二的为"暂无收入"的群体,占比21.77%,其余档位比例均比较小,且整体数据与本科生的数据分布特点相似。

项目组运用SPSS 23.0进行卡方检验,证实这种差异在统计学上具有意义($x^2 = 89.27$,$P<0.01$),这说明不同学历"慢就业"毕业生就业收入存在显著差异。随着学历的提升,"暂无收入"占比会缩小,已就业人群的薪资水平会提升。

2) 家庭因素

家庭为毕业生"慢就业"提供物质保障,来自不同经济基础家庭的毕业生的职业选择可能会不同。为分析家庭经济条件不同的毕业生"慢就业"现状,调研组把家庭经济状况分为"优渥""良好""一般""较差"四类。如图4-8所示,在家庭经济条件较差和一般的毕业生中,选择人数比例排在前三位的选项依次是"已入职""准备技能证书考试""持续求职"。在家庭条件良好和优渥的毕业生中,选择人数占比最高的两项均是"已入职"和"准备考研"。

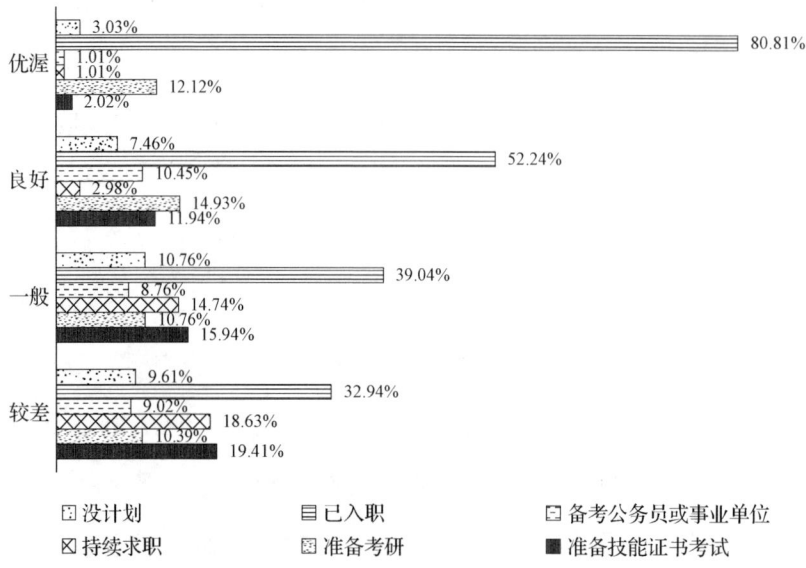

图 4-8 不同家庭经济条件"慢就业"毕业生现状的差异问卷调研分析

调研组继续运用 SPSS 23.0 进行卡方检验,发现这种差异在统计学上具有显著性($x^2 = 36.09$,$P < 0.01$)。由此可见,虽然同样选择了"慢就业",但是不同家庭经济条件的学生的职业选择并不一样。

3)学校因素

调研组为了横向分析不同类型应用型高校毕业生"慢就业"情况,按照上海市高校分类评价标准,选择上海对外经贸大学、上海师范大学作为应用研究型高校,上海立信会计金融学院、上海商学院、上海工程技术大学、上海应用技术大学、上海政法学院作为应用技术型高校,上海旅游高等专科学校、上海思博职业技术学院作为应用技能型高校进行调

第四章
实证研究：来自上海市部分高校的问卷和访谈调研分析

研；接着，调研组按照三类高校的不同属性进行编码，应用研究型高校的编码为1，应用技术型高校的编码为2，应用技能型高校的编码为3，进而对三类高校毕业生"慢就业"状况进行差异分析。

一是，不同类型高校"慢就业"毕业生求职耗时差异。

调研组对三类高校"慢就业"毕业生求职花费的时间进行比较，按照"尚未就业""3个月以内""3~6个月""6~12个月"和"1年以上"几个选项进行划分。调研结果如图4-9所示，无论是应用研究型、应用技术型还是应用技能型高校，"尚未就业"和"3个月以内就业"的人员比重较大，超过半年甚至一年就业的人员比重较少。

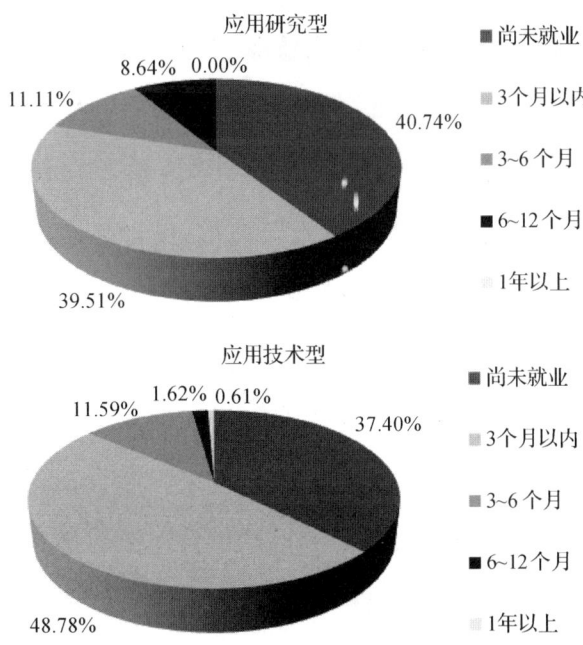

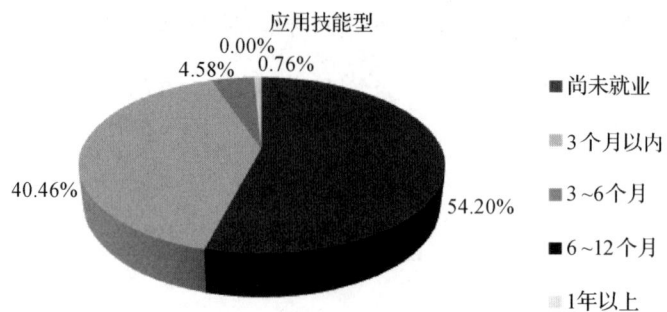

图 4-9 三类高校"慢就业"毕业生求职花费时间差异比较

调研组通过卡方检验发现,这种差异在统计学上具有显著性意义 ($x^2 = 50.41$,$P < 0.01$),这说明不同类型高校"慢就业"毕业生求职花费的时间分布确有不同。

二是,不同类型高校"慢就业"毕业生薪资收入差异。

调研组分析比较了三类高校的"慢就业"毕业生在调研时的就业收入情况,将月收入按照"7 000 元以上""5 000～7 000 元""3 000～5 000 元""低于 3 000 元"以及"暂无收入"几个档位进行划分。结果如图 4-10 所示,在调研的各类"慢就业"群体中,"暂无收入"人群占比均为最高,其中,应用研究型高校的"慢就业"毕业生中,这一占比为 45.72%;应用技能型高校的"慢就业"毕业生中,这一占比为 43.37%;应用技术型高校的"慢就业"毕业生中,这一占比为 39.72%。这与之前的研究相印证,在参与调研的"慢就业"毕业生中,很多毕业生出于升学、备考公务员或事业单位、备考技能证书等原因,尚未就业。其中,应用研究型高校中各档收入的"慢就业"毕业生所占比例差距较大，月收入"低于3 000元""3 000~5 000元""5 000~7 000元"的人数占比均为8.57%，而"7 000元以上"的人数占比为28.57%；应用技术型高校中"慢就业"毕业生各档位收入的人数差距较小；应用技能型高校毕业生收入情况呈正态分布，比例最高的为"3 000~5 000元"。

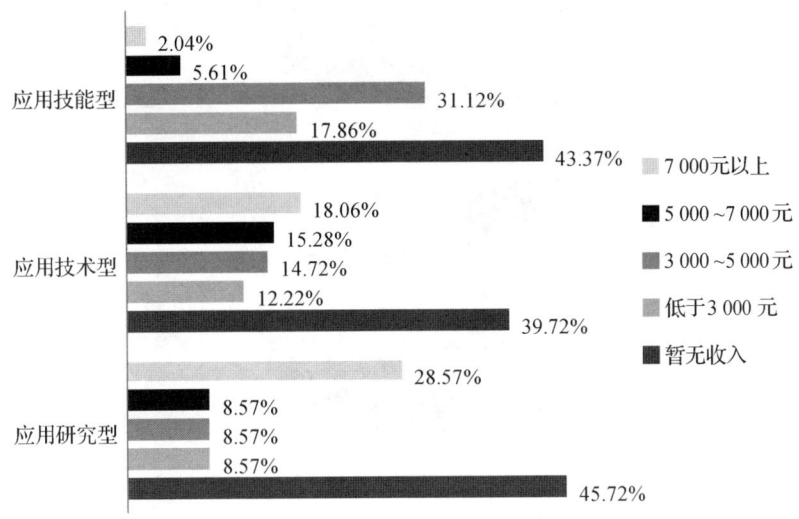

图4-10 三类高校"慢就业"毕业生收入差异问卷调研分析

调研组运用SPSS 23.0进行卡方检验后证实，这种差异在统计学上具有意义（$x^2 = 65.10$，$P<0.01$），这说明不同类型高校"慢就业"毕业生就业收入存在显著差异。

三是，不同类型高校"慢就业"毕业生就业满意度差异。

调研组对三类高校"慢就业"群体毕业后的就业满意度情况进行比较，将满意度分为"不太满意""一般""较满意""满意"四类。结果如图4-11所示，在各类型高校的"慢就业"群体中,对当前就业状态自我感觉"一般"的人数占比最高,不同类型高校"慢就业"毕业生就业满意度不尽相同。

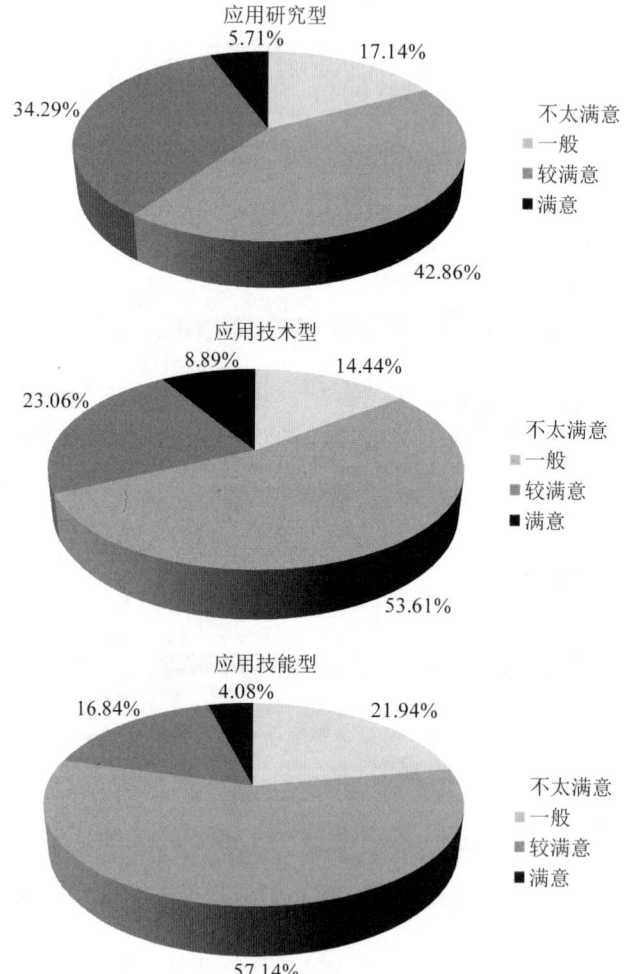

图 4-11 三类高校"慢就业"毕业生就业满意度差异问卷调研分析

调研组运用 SPSS 23.0 对三类高校"慢就业"群体的就业满意度进行卡方检验,发现这种差异在统计学上具有意义($x^2 = 14.58$,$P = 0.02$,$P < 0.05$),这说明不同类型高校

"慢就业"毕业生就业满意度存在显著差异。

四是,不同类型高校"慢就业"氛围差异。

求职氛围具有感染力。为了分析学校"慢就业"人数对毕业生就业选择的影响,调研组在问卷中设置了一题:"您认识的同学中有几位延缓就业的毕业生?"答题者根据周围"慢就业"者的数量进行作答。结果显示,各类型高校中,参与调研的毕业生回答"0个"的人数最高,占46.90%,其次是回答"1~2个"的毕业生,占26.13%。应用研究型高校中选择人数占比排第三的选项是"6个及以上",占比为14.72%,第四是"3~5个",选择人数的占比为12.25%;而应用技术型和应用技能型高校中选择人数排第三的选项是"3~5个",占比为13.83%,第四是"6个及以上",选择人数的占比为13.14%,三类院校的毕业生在这道题上显示出细微差异。然而,通过继续运用SPSS 23.0进行卡方检验,调研组发现,这种差异在统计学上并不具有显著性($x^2 = 4.86$,$P > 0.05$)。

4)社会因素

一是,"慢就业"毕业生实习次数与求职耗时的关系。

以往研究发现,在校生的实习经历非常宝贵,它能有效促进毕业生成功就业[①]。为了分析实习经历对高校"慢就业"

---

① PAN J, GUAN Y, WU J, et al. The interplay of proactive personality and internship quality in Chinese university graduates' job search success: The role of career adaptability[J]. Journal of vocational behavior, 2018, 109: 14-26.

毕业生求职耗时的影响，调研组在调研问卷中设置了实习经历相关的内容，当问及"迄今为止您有（ ）次校外企事业单位的实习或就业经历"时，参与者根据实际自身情况进行选择，调研组将答案按照"0次""1次""2～3次""4次及以上"进行分析和编码。结果如图4-12所示：有"0次"实习经历的"慢就业"毕业生中，"尚未就业"的占59.18%，"3个月以内"找到工作的占34.32%；有"1次实习经历"的毕业生中，"尚未就业"的占44.48%，"3个月以内"找到工作的占44.42%；有"2～3次"实习经历的毕业生中"尚未就业"的人数比例为36.82%，"3个月以内"找到工作的人数占比为48.46%；有"4次及以上"实习经历的毕业生中"尚未就业"的人数比例为27.15%，"3个月以内"找到工作的人数占比为60.00%。可见，在校时实习实践经历的数量与求职耗时有反向相关关系，在校实习次数越多的"慢就业"毕业生"尚未就业"的比例越少，"3个月以内"找到工作的比例越高。

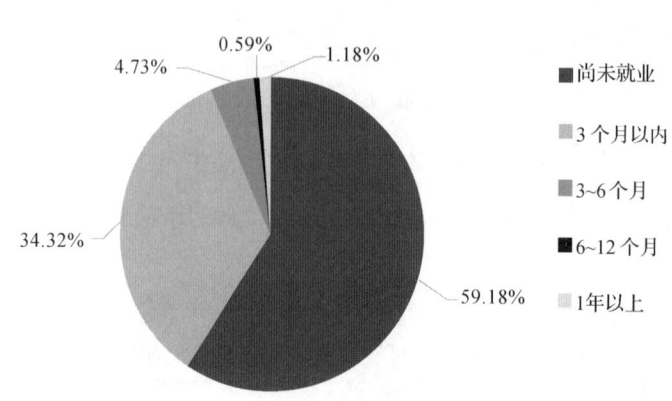

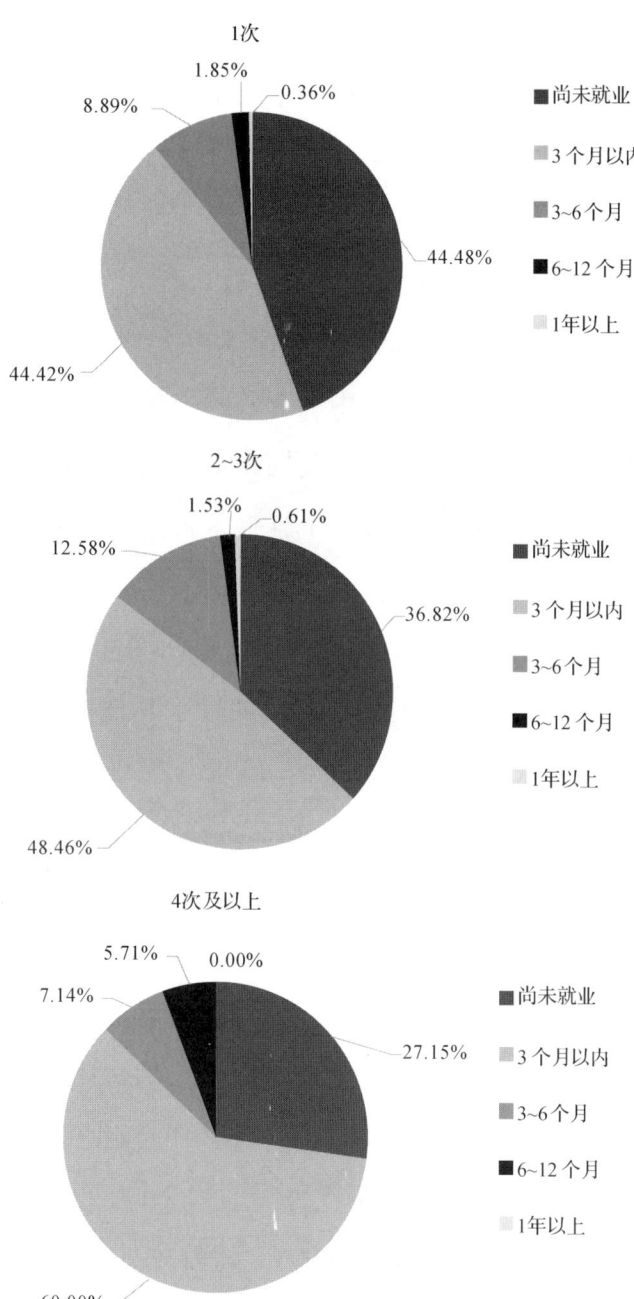

图 4-12 "慢就业"毕业生实习经历与求职耗时的差异问卷调研分析

调研组运用 SPSS 23.0 进行卡方检验，证实这种差异在统计学上具有意义（$x^2 = 21.55$，$P<0.01$），这说明不同实习经历次数的"慢就业"毕业生求职耗时存在显著差异。

二是，"慢就业"毕业生实习次数与薪资收入的关系。

职业生涯理论强调职业世界探索对大学生就业的重要性，而实习是各类职业探索中最有效的一种。一般来说，在校大学生实习次数越多，其职业探索水平就越高，职业目标就会越清晰，积累的工作经验也越多，薪资收入也越高。为了比较实习次数对高校毕业生"慢就业"薪资收入的影响，调研组对相关变量进行交叉分析，结果如图 4-13 所示：拥有 4 次及以上实习经历的毕业生，相较于其他毕业生，"暂无收入"的人数最少，占比为 27.15%；"7 000 元以上"月薪资水平的人数最多，占比为 38.57%；而有 2~3 次实习经历的毕业生里，"暂无收入"的人员比例有所增加，为 30.98%；"7 000 元以上"月薪资水平的人数占比则下降至 26.38%；有 1 次实习经历的毕业生中，"暂无收入"的人数比例增加至 41.48%；而"7 000 元以上"月薪资水平的毕业生占比下降至 15.93%；有 0 次实习经历的毕业生中，"尚无收入"的人数比例增加至 48.52%；而"7 000 元以上"月薪资水平的人数占比下降为 7.69%。随着校外实习就业经历的增加，毕业生薪资收入水平增加。

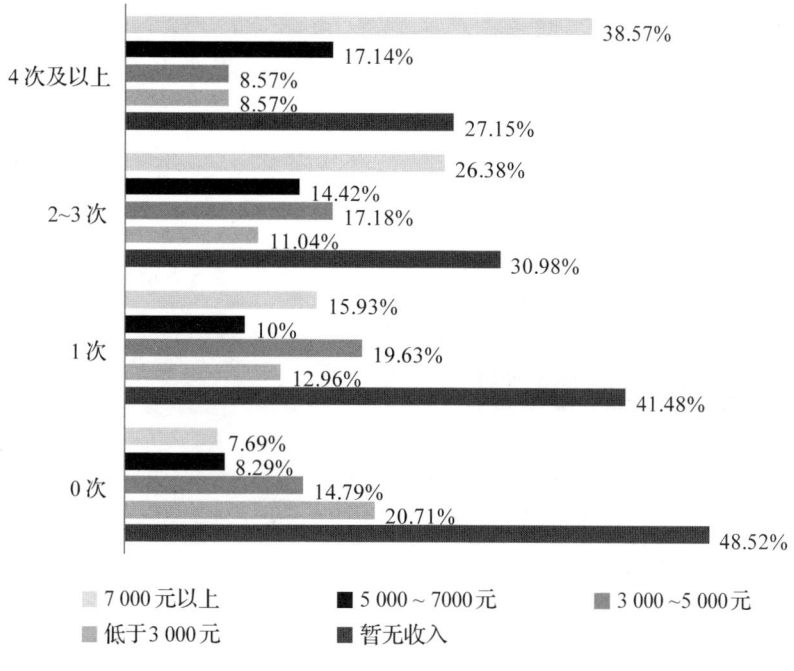

图4-13 "慢就业"毕业生实习经历与薪资水平的差异比较

调研组运用SPSS 23.0进行卡方检验,证实这种差异在统计学上具有意义($x^2 = 26.86$,$P<0.01$),这说明不同实习经历次数的"慢就业"毕业生薪资水平存在显著差异。

(三) 针对全体毕业生的问卷分析

调研组调查了全体毕业生对"慢就业"的态度以及可接受的"慢就业"时长,发现问卷结果存在明显的性别差异,具体如下。

1. 对"慢就业"的态度调研

如图4-14所示,男性毕业生中,"不赞成""慢就业"

的人数比例为21.82%,"中立"的比例为47.05%,"能理解"的比例为31.13%;女性毕业生中,"不赞成""慢就业"的人数比例为14.76%,"中立"的比例为52.46%,"能理解"的比例为32.78%。

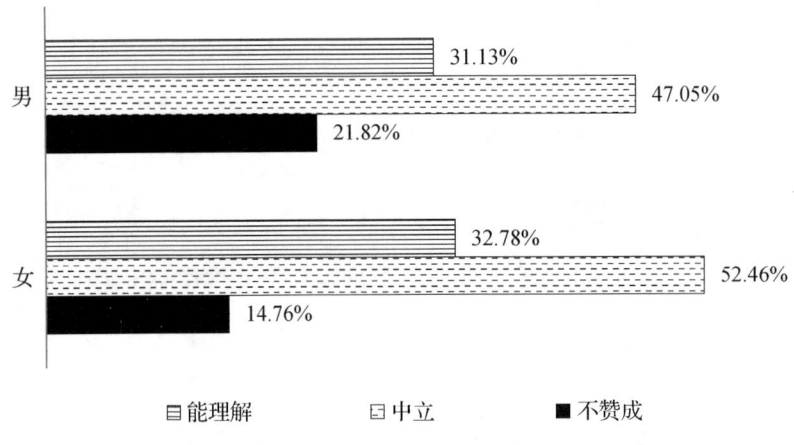

图4-14 不同性别毕业生对"慢就业"的态度差异问卷调研分析

为进一步比较两者在统计学上的差异,调研组运用SPSS 23.0进行卡方检验得出,不同性别高校学生对"慢就业"的态度差异具有显著性($P<0.01$),男生更不赞成毕业后选择"慢就业"。

2. 对"慢就业"的可接受时长调研

不同性别毕业生对毕业后不就业或者缓就业的态度不同,可接受"尚未就业"的时间长短也可能存在差异。调研组对不同性别的毕业生进行"慢就业"可接受时长差异的比较,调研结果如图4-15所示:在男性毕业生中,22.42%表示"不能接受""慢就业",38.54%表示可接受"慢就业"时间为"0~3个月",23.72%可接受"3~6个月""慢就业",9.51%表示可接受"6~12个月""慢就业",5.81%表示可接受1年以上时间的"慢就业"。在女性毕业生中,15.99%"不能接受""慢就业",43.86%可接受"0~3个月"的"慢就业"时长,24.29%可以接受"3~6个月"的"慢就业"时长,11.62%能接受"6~12个月"的"慢就业"时长,而只有4.24%能接受"1年以上"的"慢就业"时长。

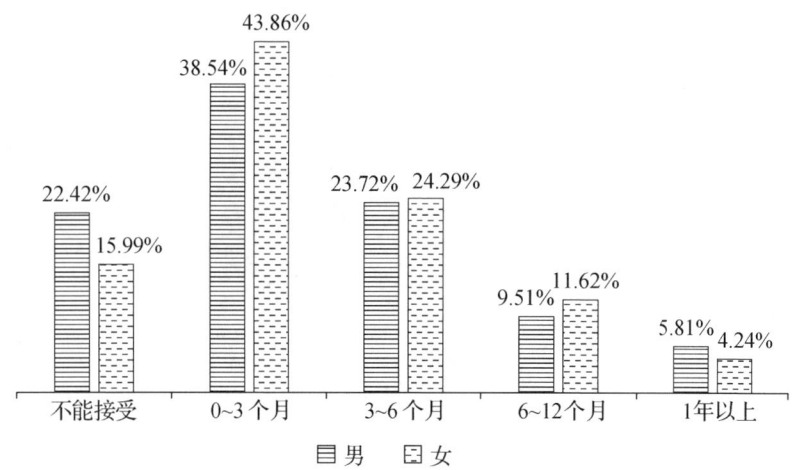

图4-15 不同性别毕业生可接受"慢就业"时长差异问卷调研分析

为进一步进行判断,调研组运用SPSS 23.0进行卡方检验发现,男女生之间在"慢就业"可接受的时间长短上差异显著($P<0.01$),更多男生"不能接受""慢就业"。

(四) 针对全体高校学生、高校教师、用人单位的问卷分析

为从不同视角解剖"慢就业"问题,调研组同时面向高校学生、高校教师、用人单位设置了三道问题进行调研,进而从受访者的态度、"慢就业"的原因、"慢就业"现象的对策三个不同视角开展对比分析。

1. 对"慢就业"的态度调研

1)面向全体学生的调研结果

如图4-16所示,当调研组问及对大学生毕业后"慢就业"的总体态度时,17.45%的学生表示不赞成,50.40%保持中立,32.15%表示能理解。

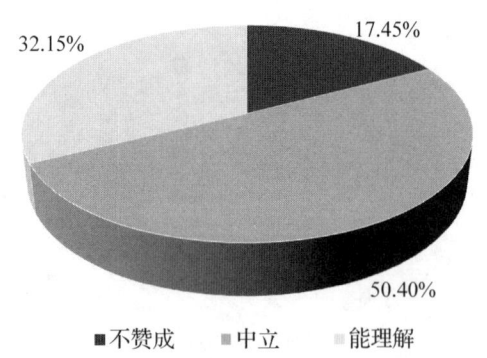

图4-16 高校学生对"慢就业"的总体态度差异问卷调研分析

2)面向高校教师的调研结果

如图4-17所示,当调研组问及高校教师对"慢就业"的态度时,49.69%的高校教师表示不赞成,44.72%的高校教师保持中立,5.59%的高校教师可以理解这一现象。

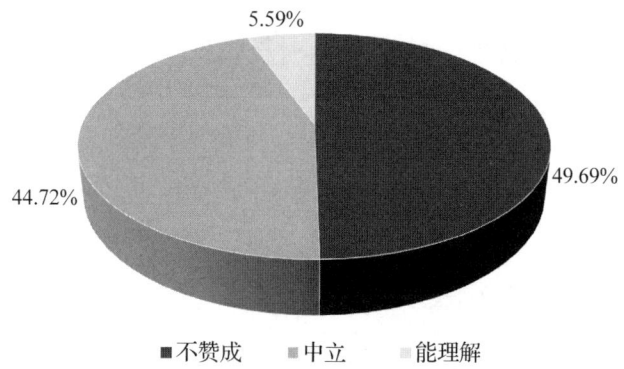

图 4-17 高校教师对"慢就业"的总体态度差异问卷调研分析

3）面向用人单位的调研结果

如图 4-18 所示，当调研组问及用人单位该问题时，22.38%的用人单位表示不看好"慢就业"现象，52.89%的用人单位保持中立，24.73%的单位表示能理解。

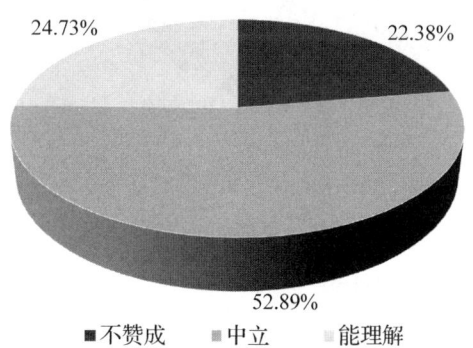

图 4-18 用人单位对"慢就业"的总体态度差异问卷调研分析

可以看出，高校教师群体对大学生"慢就业"最不赞成，用人单位多持中立立场，高校学生对"慢就业"的理解包容度最高。

2. 对"慢就业"的可接受时长调研

1）面向全体学生的调研结果

如图4-19所示，当调研组问及高校学生对"慢就业"的可接受时长，18.44%的学生表示"不能接受"离校不就业，22.90%的学生表示能接受"0～3个月"，18.92%的学生表示能接受"3～6个月"，24.08%的学生表示能接受"6～12个月"，4.84%的学生能接受"1年以上"的待业时间。

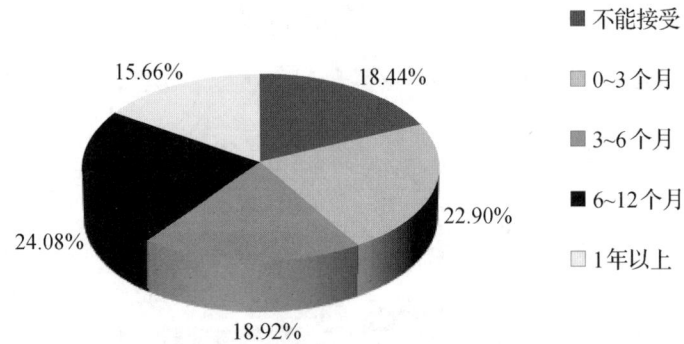

图4-19　高校学生对毕业生"慢就业"的可接受时长问卷调研分析

2）面向高校教师的调研结果

如图4-20所示，当调研组问及高校教师对毕业生"慢就业"的时长接受度，81.99%的教师表示"不能接受"，8.21%的教师能接受"0～3个月"，能接受其余两项的人数均不足5%。

第四章
实证研究：来自上海市部分高校的问卷和访谈调研分析

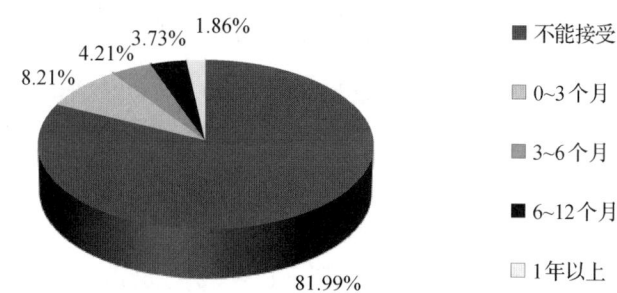

图 4-20　高校教师对毕业生"慢就业"的可接受时长问卷调研分析

3）面向用人单位的调研结果

如图 4-21 所示，当调研组问及用人单位同样问题时，12.70%的用人单位表示"不能接受"，39.68%的单位认为能接受"0～3 个月"，20.63%的用人单位认为能接受"3～6 个月"，25.40%的单位表示能接受"6～12 个月"，不到 2%的单位能接受毕业生待业"1 年以上"。

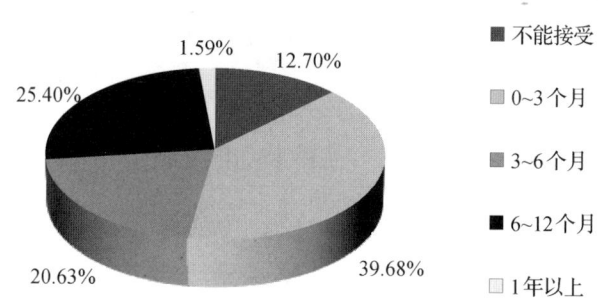

图 4-21　用人单位对毕业生"慢就业"的可接受时长问卷调研分析

通过比较可以看出，高校教师群体对大学生"慢就业"的时长接受度最低，作为就业岗位供给方的用人单位对此表现较为"宽容"，对高校学生的"慢就业"时长接受度最高。

109

3. 对"慢就业"现象的原因认知调研

毕业生"慢就业"的原因复杂多元，有客观外部环境、毕业生就业观及就业能力、高校人才培养和专业设置、学生家庭对就业的偏好和支持程度等。调研组在前期访谈调研的基础上，从社会、学校、家庭、个人四类因素入手，设置调研题项开展工作。参与者根据1～5分的重要程度标准对各项进行打分。其中1分代表影响很小，5分代表影响重大。

1）面向全体学生的调研结果

一是社会因素。

种种客观原因都会延缓毕业生就业进程，造成"慢就业"的客观事实。

第一，受高等院校扩招的影响，我国高校毕业生人数逐年攀升，2022年首次突破千万大关。随着人力资本消费的提高，普通本科学历在就业市场上已没有明显优势。

第二，就业市场供需不平衡，就业竞争激烈。而经济社会结构性矛盾依然存在，供给侧结构性改革持续推进，人岗完全匹配存在时间差。此外，社会对非传统就业观念更加包容开放，信息技术手段催生了许多灵活就业方式，使毕业生的求职心态也悄然发生变化。

第三，2020—2022年，受公共卫生事件影响，企业线下招聘暂停现象屡有发生，事业单位考试推迟，大学生求职渠道减少。

社会因素是指影响毕业生"慢就业"的外部环境因素。

第四章
实证研究：来自上海市部分高校的问卷和访谈调研分析

计划行为理论认为，行为意向表明一个人执行某种特定行为的动机，它受社会因素与个体因素的影响。调研组从就业竞争程度、用工需求、经济转型、国家对就业创业扶持力度、社会对非传统就业观念包容程度、公共卫生事件的角度对毕业生开展调研，调研结果如下：

总体来看，相比于学校和家庭因素，高校学生认为社会因素对其就业进程"影响较大"，总得分为4.02分。其中按照选择人数占比由高到低进行排序，学生认为对就业进程"影响重大"的社会因素依次是："新型冠状病毒感染的影响"，选择人数占41.1%；"就业竞争激烈，没有合适的岗位"，选择人数占28.95%；"用工需求提高，所在学校学历没有明显优势"，选择人数占26.98%；"社会经济转型，岗位需求缩减"，选择人数占23.35%等。具体见图4-22。

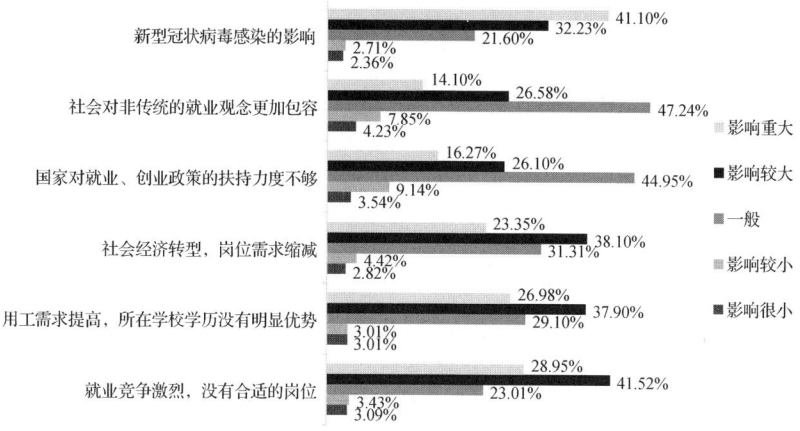

图4-22 社会因素对"慢就业"进程的影响问卷调研分析

二是学校因素。

近年来,教育部,各级省、市教育委员会和不同层级的高校都非常重视毕业生就业工作,各高校也通过生涯教育课程或者开展形式多样的就业指导服务来促进毕业生就业。每年各高校都会花费大量经费和精力举办校园招聘会,搭建用人单位和毕业生求职的桥梁,做好对接服务。各高校也非常重视职业生涯教育工作,教育部近年来多次要求每所高校都开设职业规划课程,同时做好生涯指导的第二课堂和网络指导建设。高校的人才培养质量在大学生就业过程中起关键作用,是高校人才供给侧改革的核心,直接影响毕业生职业素养和就业能力。此外,校园氛围、导师在毕业季的指导和关心都会影响毕业生的职业发展和就业进程。

调研组从校招企业岗位数量、校招企业与学生期望匹配度、学校就业指导质量、学校人才培养方案质量、班级求职氛围和专业导师对学生职业指导力度几个角度设置题项对毕业生展开调查。结果显示如下:

总体来看,相比于社会因素,学校因素对学生就业进程的"影响一般",总得分为3.23分。从重要程度看,以各因素中选择"影响重大"的人数占比为衡量标准,高校学生认为影响"慢就业"的学校原因从高到低依次是:"校招企业与学生就业期望有偏差",占比为16.04%;"学校人才培养方案与社会需求不匹配",占比为14.74%;"校招企业岗位数量不够",占比为13.22%;"专业导师对学生职业成长缺乏指导",占比为11.20%;"对学校就业指导不感兴趣",占比为8.8%;"班级内求职氛围不浓厚",占比为8.42%。详见图4-23。

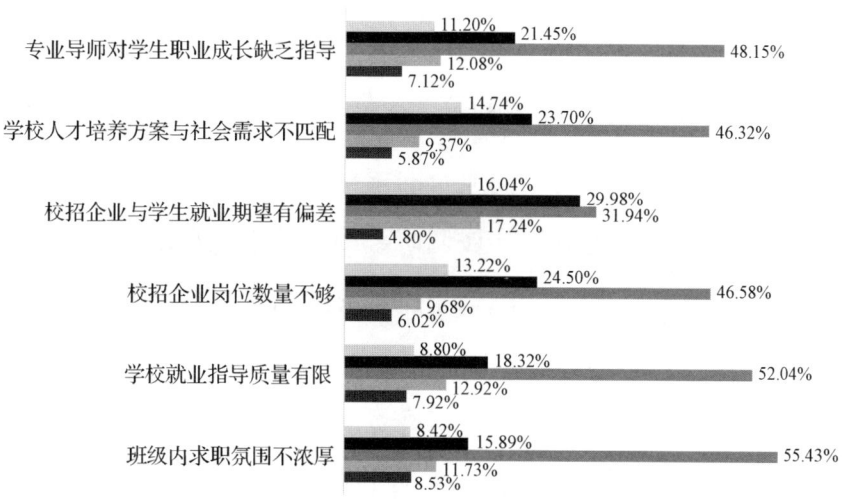

图4-23 学校因素对"慢就业"进程的影响问卷调研分析

三是家庭因素。

家庭是毕业生迈出象牙塔,勇敢走向社会时的避风港。家庭为毕业生职业发展和求职择业提供物质保障。随着经济收入的提高,父母对孩子的就业选择更加包容,愿意照顾孩子的情感,尊重孩子的发展意愿。有部分家长从自身经历出发,对毕业生的职业选择有特定要求,如期望孩子作出考公务员或考事业编的求稳选择;或要求孩子留在自己身边,不要选择外地的就业机会等。这些期望对毕业生的选择带来潜移默化的影响，部分学生宁愿一次次执着备考也不愿尝试别的工作。还有个别家庭对子女职业发展采取"放养式"管理，父母不提供任何建议和指导，也无法从物质资源和社会资源上给予子女就业帮助，这些因素都会导致毕业生在就业时"慢"下来。

调研组从家庭经济基础、父母对公务员或事业编的偏好、家庭教育对子女职业成长的指导、父母对子女就业岗位的期望等角度设置题项开展调研。调研结果显示如下：

总体来看，与社会因素相比，家庭因素对学生就业进程的"影响一般"，总得分为3.29分。从重要程度来看，导致"慢就业"的原因依次是："家庭经济基础为延缓就业提供物质保障"，选择人数占比为14.13%；"毕业生无需承担家庭经济压力，选择人数占比为13.33%；"家庭对公务员、事业编等特定岗位或行业有偏好"，选择人数占比为12.57%；"父母对孩子的就业选择更加包容"，选择人数占比为12.42%；"父母对孩子就业岗位存在宁缺毋滥的想法"，选择人数占比为10.36%；"家庭教育对孩子职业成长缺乏指导"，选择人数占比为10.32%。详见图4-24。

四是个人因素。

个人因素是影响毕业生职业选择和就业进展的最重要因素。有的毕业生没有为就业作好充足的准备，个人能力欠缺，不能满足就业岗位的人才需求。当积极性和自信心受挫，他们索性暂不就业，将自己的就业进程"慢"下来。这

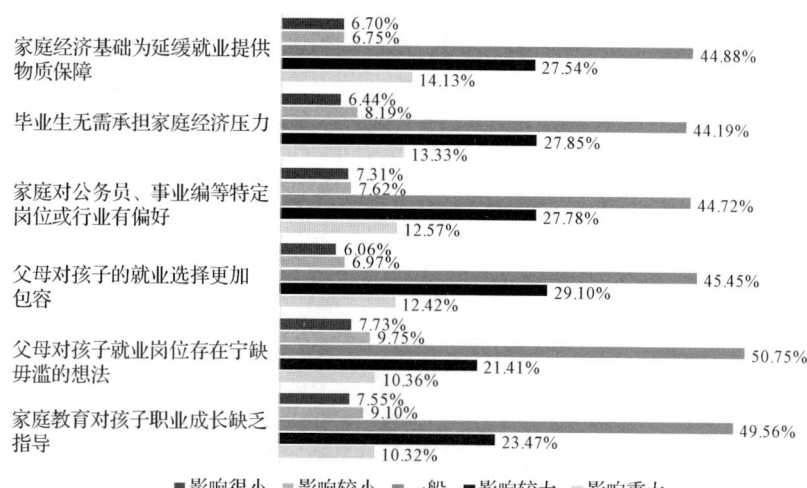

图 4-24 家庭因素对"慢就业"进程的影响问卷调研分析

些毕业生个人职业规划不清晰，职业定位不合理，不知道自己想要什么、能做什么，更不知道自己适合做什么，面对就业信息无法作出正确决策。这些毕业生求职信心不足，职业自我效能感较低，求职遭拒后就不敢往前。与之相反，有的毕业生职业期待过高，过度自信，眼高手低。

综合上述情况，调研组重点分析就业竞争力、职业规划清晰度、自我对就业形势的认知程度、职业期望、自由职业或创业意愿、求职信心这些因素对"慢就业"的影响。结果如图 4-25 所示：

总体来看，与家庭因素和学校因素相比，个人因素对高校学生就业进程"影响较大"，总得分为 3.96 分。从重要程度来看，排在前列的因素依次是："就业能力不足，未作好

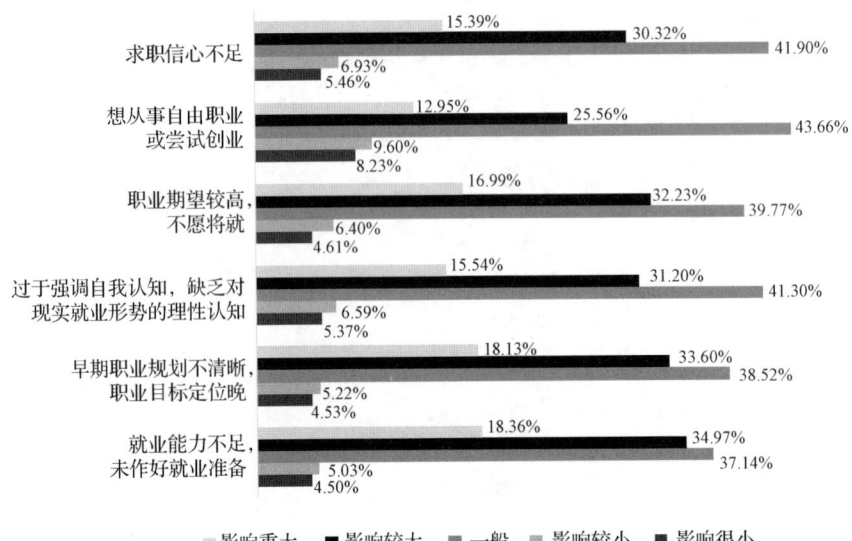

图 4-25 个人因素对"慢就业"进程的影响问卷调研分析

就业准备",选择人数占总人数的 18.36%;"早期职业规划不清晰,职业目标定位晚",选择人数占总人数的 18.13%;"职业期望较高,不愿将就",选择人数占总人数的 16.99%;"过于强调自我认知,缺乏对现实就业形势的理性认知",选择人数占总人数的 15.54%;"求职信心不足",选择人数占总人数的 15.39%;"想从事自由职业或尝试创业",选择人数占总人数的 12.95%。

2)面向高校教师的调研结果

调研组问及高校教师对毕业生"慢就业"原因的看法(此题为多选题)时,如图 4-26 所示,结果按占比从高到低排序依次是:个人因素"逃避就业压力,对前途一片茫然"

的选择人数占比为79.5%；家庭因素"家庭给予充分的支持，不着急找工作"的选择人数占比为72.67%；社会因素"竞争太激烈，找不到满意的工作"的选择人数占比为70.81%。这说明从高校教师角度来看，毕业生"慢就业"也是个人、社会、家庭多方因素共同影响的结果。

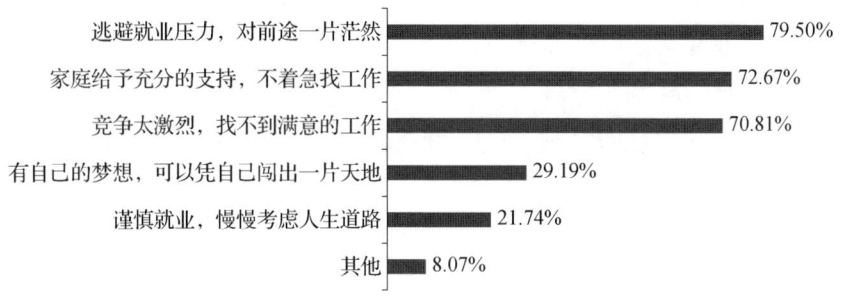

图4-26 高校教师对毕业生"慢就业"原因认知的问卷调研分析

3）面向用人单位的调研结果

为了解用人单位对毕业生"慢就业"原因的看法，调研组从社会、学校、家庭和个人4个维度设置了10个选项，用人单位根据重要程度从低到高（1～5分）进行打分。调研结果如图4-27所示：个人因素中的"毕业生定位不准，期望值过高，择业挑剔"排第一（4.22分）；社会因素中的"受国家考研升学、考公等政策影响"排第二（4.14分）；家庭因素中的"家庭条件良好，学生不急于就业"排第三（3.97分）。这说明从用人单位角度来看，毕业生"慢就业"是个人、社会、家庭多方因素共同影响的结果。

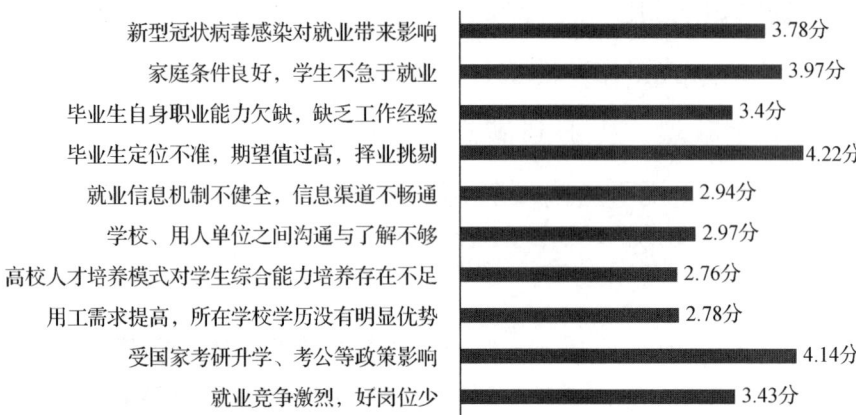

图 4-27 用人单位对毕业生"慢就业"原因认知的问卷调研分析

三、访谈调研分析

(一) 研究设计及基本情况

1. 研究方法

调研组对上海交通大学、上海财经大学、上海大学、华东理工大学的 40 名学术研究型院校"慢就业"毕业生进行访谈,同时还访谈了 20 名高校教师。访谈通过线上形式开展,调研组对被访谈人员进行选择、配对,根据前期文献研究的内容设计访谈提纲,约定访谈时间。

2. 访谈设计

1) 对"慢就业"毕业生的访谈

对毕业生的访谈提纲内容包括两部分。

(1) 受访者学校、学历、专业等基本背景情况调查。

(2) 受访者对毕业生"慢就业"情况的认知。比如,受访者是如何看待毕业生"慢就业"的？受访者周围是否有认识的同学或亲友选择"慢就业"，他们的现状如何，薪资待遇和满意度如何？受访者个人能接受的"慢就业"时间是多久？受访者对"慢就业"有哪些看法、意见或建议？

2）对高校教师的访谈

对高校教师的访谈提纲内容包括四部分。

（1）受访者所在高校现在毕业生"慢就业"的比例。

（2）受访者如何看待毕业生"慢就业"这一情况？

（3）毕业生"慢就业"有哪些积极因素和消极因素？

（4）受访者所在学校应对毕业生"慢就业"的对策及举措。

在访谈时，调研组对谈话内容进行录音，后由专业人员将其转录成文字并进行梳理，对缺漏之处进行补充，最后形成最终的访谈结论。

通过访谈，调研组发现，学术研究型高校毕业生"慢就业"的目的是实现更高质量的就业，他们的"慢"是主动的、有意识的、有规划的。他们"慢就业"现象的背后，不仅仅是青年择业观的改变，也是他们自我意识的觉醒，这体现了生涯规划教育的积极成果。

（二）针对"慢就业"毕业生的访谈分析

1."慢就业"毕业生就业相关情况

1）就业现状

"慢就业"现象在青年人群中凸显，一些毕业生不着急找工作,而是去支教、游学等,在正式就业前给自己一段缓冲期。对此现象,被采访的毕业生则认为,如果这种"慢"是积累、付出、努力,那么"慢就业"不是坏事。正所谓快慢皆有道,人生是一场马拉松,不是说有人领先一步,他就能第一个冲过终点。在必要的时候放慢步伐、调整节奏、找准方向,个体才能跑得更远、更坚定。有的毕业生认为,"慢就业"的"慢"不是不动、不作为,而是一种积累,个体能在"慢"的过程中找到"快"的机会。一位受访的上海财经大学毕业生表示,不积跬步,无以至千里。寻找理想的工作很难一蹴而就,所以个体在有需要的时候就要"慢"下来。

通过对 40 位毕业生访谈,调研组发现,学术型高校毕业生的"慢就业"总体是积极和主动的,大部分毕业生职业发展方向定位准确,职业规划明晰,一方面兼职赚取收入,另一方面安排自己的生活。这群高校毕业生的"慢就业"方向是准备出国、升学、创业,还有积累社会经验。

2) 薪资收入情况

在受访的"慢就业"毕业生中,主动选择"慢就业"的毕业生工资收入并非十分理想。与进入大型国有企业(简称"国企")、外资企业(简称"外企")的毕业生相比,他们的收入并没有优势,甚至不算稳定,这些毕业生有时候还需要寻求父母的经济支持。

一位受访毕业生表示,他在大学期间就已经在互联网公司实习，毕业后待业了一段时间，又加入了某互联网科技公司工作。后来他乘着时代的浪潮，找准机会，选择创业。该同学表示，在创业过程中，他一直在自我激励，在充实自己的路上丝毫不敢懈怠，认真地学习产品理念，领会互联网企业文化，对他而言，这一就业创业的过程看似"慢"，实则"快"。在互联网公司工作时，他努力攒下了一些积蓄，但创业初期他仍要在经济上寻求父母的支持。后来公司慢慢走上正轨，获得一定融资，他才解决了资金问题。

3）就业满意度

通过访谈，调研组发现，相比应用型高校的"慢就业"毕业生，学术型高校"慢就业"毕业生对就业现状普遍比较满意。

学习管理会计专业的研究生李同学非常认同"慢就业"的年轻人，他认为现在越来越多90后、95后选择"慢就业"，这体现了这个群体对自我发展方向越来越强的责任感和更加审慎的态度。无论是选择升学还是选择工作，个体如果没有对行业的充分了解，就很难找出适合自己的发展方向。李同学表示，身边不少人对曾经选择的专业感到后悔，合理的"慢就业"是对自己负责，选择适合本人的赛道，付出的努力才更有意义。

2. 毕业生"慢就业"关联因素调研

1）个人因素

一是，"慢就业"毕业生的职业价值观。

在受访的"慢就业"毕业生中，大部分同学表示选择

"慢就业"是为了将来从事喜欢的职业,不想成为"工具人"。

阿伟在大学学的是工程类专业。大四的时候,他曾在一家专业相关的工厂实习,通过这段实习,他确定了自己不喜欢做本专业的工作,但对未来的路尚未完全想好,他不愿意盲目地找一份工作消磨自己的热情和时间,于是他选择在"慢就业"中寻找方向。在此过程中,从小热爱看书、喜欢清静的阿伟萌生了去学校当老师的念头。他一边准备着教师资格证考试,一边去所在城市的教育培训机构做兼职,增加对教师职业和对自我的认知。通过一年的准备,他成功被当地一所中学录取,成了一名初中物理老师。阿伟表示,最开始他也有些纠结,从企业技术型职业转到教育行业,到底值不值得,后来他在"慢就业"过程中的实践体验和理论学习中加深了他对教师这一职业的理解,使他坚定了想法。阿伟的家人也比较民主,他们一直鼓励和尊重他的选择,正因如此,他才能一路坚持到底。

二是,不同专业的"慢就业"毕业生现状。

从对受访学生的访谈可以看出,除了部分升学的学生,"理、工类"专业毕业生"慢就业"主要方向是准备创业,或者分析市场;"经管、教育类"专业毕业生"慢就业"主要是为了寻找到更好、更合适的工作岗位;"文、史、哲、法类"专业毕业生"慢就业"主要是为了考公、考编或等待更加合适、更符合兴趣和未来职业发展的岗位;"艺术、体育类"专业毕业生的就业情况则更具个性,他们往往一边灵活就业,一边慢慢规划、思考人生。

相比国内,"慢就业"现象在很多西方国家并不另类,一位上海大学艺术类专业的毕业生表示,在一些西方国家,高中毕业后到大学入学前、大学在读期间、大学毕业后,甚至在刚工作不久的一段时间里,都有年轻人暂缓学业或工作,花半年或一年时间,参加实习、做志愿者或游学等。该同学表示,他选择了"慢就业",并利用这段时间规划、思考人生和接下来的路。

三是,不同学历"慢就业"毕业生求职耗时差异。

从对受访学生的访谈情况可以看出,主动选择"慢就业"的人群中,不同学历毕业生在求职耗时上的差异较为明显。硕(博)士研究生求职时在学历上更具优势,花费的时间更少,相比之下,本科毕业生求职花费的时间更久。

王同学是毕业于上海财经大学的一名硕士研究生。像他这样决定毕业后从事金融类工作的毕业生,要考虑国内很多知名企业"只招收应届毕业生"的硬性要求。王同学在接受访谈时表示,他在本科期间对研究生专业和未来工作的规划都不太清晰,进入研究生阶段后他才开始确定方向,决定毕业后从事金融行业,他的目标是投资银行相关工作。虽然竞争压力非常大,要找个不错的职位并不容易,但拥有硕士研究生学历的他相比本科生还是有更多机会,能更快找到工作,所以他选择"慢就业"。

四是,不同学历"慢就业"毕业生薪资收入差异。

从对受访学生的访谈结果可以看出,虽然都是主动选择"慢就业"的毕业生,不同学历毕业生在就业收入上的差异依然明显。硕(博)士研究生求职时在学历上更具优势,毕业后的起薪更高,而本科生相比较而言薪资收入会低很多。

李同学是一位文学专业的博士毕业生,对于文学专业毕业生的"慢就业"现象,他认为,这个专业的毕业生就业市场比较小,如果毕业生想进好一些的单位从事还算不错的工作,就需拥有高学历。比如,和文学专业比较合适的出版社的编辑岗位,以往几年本科生还有机会竞争此类工作机会,但该岗位现在基本都要求应聘者至少为硕士研究生,博士研究生更受欢迎,薪资也会更高一些。相较而言,"慢就业"的文学本科生若想从事与专业匹配度较高的工作,可能只能暂时先灵活就业,在网站上写点"小豆腐块"或者做自媒体,赚点零花钱,但这些工作的稳定性和收入都会打折扣。

2)家庭因素

从对受访者访谈的情况可以看出,选择"慢就业"的毕业生对职业规划和岗位条件往往有更高期望,良好的家庭经济条件和家长的支持也为毕业生提供了物质保障和精神支持。多数家庭对孩子"慢就业"的选择表示支持,个别经济条件不太乐观的家庭则明确表示不支持。

吴同学是上海大学的一名本科毕业生,毕业之前曾经有过两次实习经历,但她感觉两者都不是很适合她,于是便决定换专业考研。第一次考研结果出来后,吴同学的成绩离目标学校和专业的要求还有一段距离,她便跟父母表示还想再试一年。吴同学本以为父母会反对,毕竟他们家在外地,即使这几年家里经济条件有所改善,但与上海的生活成本相比,家里的物质条件也只能算一般。但是父母居然同意了她的想法,并告诉她不要有太大压力,也不要考虑钱的问题。吴同学说,听了父母的答复后,她偷偷哭了一整夜。她是家里的独生女,对于未来的职业规划和人生设计,父母一直都给予包容和支持,家人的理解是自己努力向前的最大动力。

肖同学是上海本地人,也是家里的独生女。虽然她第一次考研的结果很不理想,但是她坚持再考一次,并表示父母非常支持她的选择。肖同学说,即使再考不上也没关系,她的父母说了,他们就她一个孩子,又不是养不起。

刘同学是上海财经大学的一名硕士毕业生,他毕业后不想马上工作,而是想继续读博,但是导师名额有限,他需要等待两年才能有机会。刘同学把想法跟家里人交流后,父母非常反对,认为硕士学位已经"够用"了,他应该马上进入社会工作,毕竟他这几年在上海读书,家里花销太大,难以继续支持其"慢就业"甚至日后读博的开销。

3)学校因素

一是,不同类型高校"慢就业"毕业生求职耗时差异。

从对受访学生的访谈情况可以看出,学术型高校主动选择"慢就业"的毕业生,一旦选择进入某个行业,在求职上花费的时间并不多。

王同学是一位211高校计算机专业的本科毕业生,对于毕业后选择"慢就业",他认为,计算机专业的毕业生就业面还是相对宽泛的,很多企业对计算机专业的需求仍然很旺盛。他之所以暂时不就业,是因为有创业的打算,王同学表示,他了解到周围的同学中,有准备考研但最终失败的,他们只要不是太挑剔,一般几个月内都找到了专业对口的工作。所以总体来说,他们专业毕业生求职花费的时间并不多,比其他专业的毕业生更顺利,但是他们也担心这一较乐观的现状的持续性,所以大多数毕业生还是选择先找到工作再说,先就业后择业。

二是,不同类型高校"慢就业"毕业生薪资收入差异。

从对受访学生的访谈情况可以看出,学术型高校"慢就业"毕业生,就业时的薪资与应用型高校"慢就业"毕业生的薪资收入持平甚至偏高一点。

乐乐是一位高校学前教育专业本科毕业生,对于毕业后选择"慢就业"的决定,她表示,这个专业毕业生有一定市场需求,但是想找一份心仪的、有发展前途且薪资收入不错的工作就需要费一番周折。乐乐的目标城市是杭州,访谈当天是她入住杭州宾馆的第7天,由于当时教师资格证考试结果还未公布,她暂时无法报考教师编制,所以她的目标岗位是教育机构或互联网公司的客服岗。最终,乐乐在一家教育培训机构从事学前素质教育工作,5 000元底薪,有餐补,还有双休，再算上课时费，她的月薪比较可观。

三是，不同类型高校"慢就业"毕业生就业满意度差异。

从对受访学生的访谈情况可以看出，由于学术型高校的"慢就业"毕业生多自主选择了这一状态，他们对就业现状比较满意。

淼淼是一位汉语言专业本科毕业生，毕业之前就有直播工作经验。对于毕业后选择"慢就业"，她表示周围有很多同学毕业后找的工作薪资水平不高，使他们在上海这种大城市难以生存。还有一些企业加班多且无双休，员工的工作和生活没法平衡。这几年经济形势的不确定性，使各公司前景不明朗，个人未来发展不清晰，所以权衡之后，她干脆离开上海前往杭州，从事专业对口的工作，依靠自己的兴趣和专业才能谋生。淼淼现在的工作是直播中控，税后薪资大概五六千元，公司提供住宿，周围都是年轻人，氛围很好。淼淼每天都收获满满，对未来的职业发展也有了更清晰的认知。淼淼表示，现在她能很好地平衡工作和生活，也有时间思考未来的路，她计划未来在杭州这个地方继续求学深造，为今后的职业道路积攒更多经验。

四是，不同类型高校"慢就业"氛围差异。

从对受访者的访谈情况可以看出，对于一些后来从事新型职业、灵活就业的"慢就业"毕业生来说，周围有很多同学有类似经历。

当前，新媒体或直播运营岗成为不少00后的选择。小苏学的是电子商务专业,她被杭州发达的电商产业吸引,与大学室友结伴而至。采访时小苏笑着表示,杭州网红那么多,她们也想"凑个热闹"。无独有偶,小艾学的是环境设计,但对新媒体比较感兴趣,她曾在哔哩哔哩、小红书等平台上尝试过运营工作。她还专门为自己准备了一本作品集,收录了自己发布的作品。她周围很多同学都想尝试新兴职业,如视频博主、电商博主和菜品体验官等,他们也都想试试开店(含电商)、做剪辑。小艾解释道,这些在家长看来不太"体面"的工作,他们00后似乎都乐此不疲,这样既可以体验不同的工作,还能在不同的城市玩一玩,既攒到了钱,也很快乐。只要自己喜欢、收入不错,他们对什么职业都能"豁得出去",不会因学历给自己设限,也不会依照毕业时间为自己的就业进程定下期限。在多元就业观下,新一代年轻人正在更为主动、积极地拥抱灵活就业。

4) 社会因素

一是,"慢就业"毕业生实习次数与求职耗时的关系。

从对受访学生的访谈可以看出,在校实习次数越多的学生,"慢就业"后择业花费的时间越少。

甜甜是一位985高校英语专业研究生毕业生,毕业之前就有多次大型企业的实习经验,在校期间多次获得优秀干部荣誉称号,可以说是名副其实的优秀学生代表。甜甜在校期间一直都有参加支教实践的想法,犹豫再三,她还是决定先实现自己的理想,所以暂时不打算就业,想去体验外面的世界。当问及父母对此看法的时候，甜甜表示，她父母都是很开明的人，家里经济条件也不差，虽然他们有所顾虑，但是对于她的坚持，父母最后还是表示支持，毕竟这是她自己的人生。甜甜继续说道，对于未来的就业，她其实并不担心。她有很多实习经历，而且这些年也始终没有放弃对外语的学习与钻研，之前实习过的外企单位还问她愿不愿意留用。在她周围的同学中，实习次数多，实习经历丰富的同学，找工作时都会更顺利一些，不太担心"慢就业"问题。

二是，"慢就业"毕业生实习次数与薪资收入的关系。

从受访者的访谈情况可以看出，在校实习次数越多的"慢就业"毕业生，就业后的薪资收入越高。

刘萌是一位工商管理专业的本科毕业生，谈起求职之路，她表示，她从大二开始到访谈时已经在多家单位实习过，如大酒店、商场、银行、广告公司、网络公司等。实习经历越多，她越发现在学校学习的书本知识在实际工作中并不实用，工作中她还是要从头学起，靠实践积累经验。刘萌坦言，她并不急于找一份正式的工作，她对自己未来的职业规划一直另有打算，想利用在校时间，通过在各单位实习，增长才干、丰富职场知识，最后选择最适合自己的职位。事实证明，通过实习，个体不仅能增进才干，还能积累经验。刘萌称，随着她工作经验的增加，用人单位给出的工作待遇发生了变化。她在一段时间的"慢就业"后找到了心仪的工作，这份工作的薪水比她参加校园招聘时找到的都高。

3. 对"慢就业"的态度调研

从对受访者的访谈情况可以看出,学术型高校毕业生选择"慢就业"大多数都是主动的、有目的和方向的,一旦他们找准方向,决定加入求职大军,就业后的薪资收入、就业满意度与应用型高校"慢就业"毕业生相比都更高一些。

毕业于上海某211高校的王同学大三就进了一家企业实习,一年半的时间,他换了四五个实习的企业,每次都干够了实习期就走。他说,自己换单位是有目的的,从进国企做第一份实习,到后来去私有企业(简称"私企")、合资企业等,每个实习单位的性质不同,他工作中接触的人和事也不同,通过实习中的实践感受,他最终确定了自己以后的工作规划,选定了一家私企。因为他在实习的过程中发现,私企的制度更灵活,对年轻人的接纳程度更高,在这样的单位里他可以如鱼得水,工作得更快乐,薪资待遇也比同等情况下其他类型企业的高一些。王同学说,现在像他一样的大学生的就业观念已经跟以往不同,90后的大学生因为大多经济上没有太大压力,观念上更自主,向往自由,求职、就业时更洒脱。不过王同学也表示,因为新潮的观念和张扬的个性,跳槽率高成了90后、00后的特点。良好的心态、明确的求职目标,才是"慢就业"毕业生未来职业规划的正确"打开方式"。

4. 对"慢就业"的可接受时长调研

从对受访者的访谈情况可以看出,学术型高校"慢就业"毕业生大多数都是主动、比较有目的和方向地选择"慢就业",他们对自己"慢就业"的时间有较明确的估算。

李同学是上海某211高校的一名本科毕业生,他毕业后选择暂不就业,并和好友筹划创业。对创业选择,他表示,大学毕业后时间自由,年轻人也更有冲劲和干劲,他周围的一些同学都想尝试创业,如果创业失败,再回来找工作也不迟。李同学认为,从初中、高中到大学,这几年他一直课业繁重,没法抽身做自己喜欢的事情。毕业后如果直接开始工作,他恐怕就更没有大把时间实现想法了。于是他们几个同学商议毕业后先分析市场,试试创业。当问及李同学关于创业时间和工作机会的考量时,李同学表示,他们确实有过这样的顾虑,也考虑过万一创业失败,还能否顺利找到工作。不过在一番考虑后,李同学坚持认为,上海的经济发展水平在全国领先,他家里经济条件尚好,自己暂时不需要马上工作,所以还是想先试一试。不过他会设置经济和时间上的底线,不会一直试下去。

(三) 针对高校教师的访谈分析

面向高校教师的访谈聚焦在教师对"慢就业"现象的看法、教师可接受的毕业生"慢就业"时长,以及教师视角下可能导致毕业生"慢就业"的原因这三个方面。具体调研结果如下。

1. 对"慢就业"毕业生就业现状的看法调研

教师们表示,"慢就业"和之前任何一种就业观念一样,都是社会发展、时代变化的产物。一些注重就业质量的90后、95后在家庭条件允许的情况下适当"慢"下来,通过自我充电、开阔眼界、学习思考等方式,更好地规划自己的未来。当然,"慢就业"人群需要承受不小的精神压力,而且还需要付出高昂的经济和时间成本,"慢就业"可以说是一种奢侈行为,因此,并非所有人都适合"慢就业"。如果个体有家人支持或者能自食其力,自己也有明确的规划,步伐慢点也无妨。就怕个体是不顾家人意见的、漫无目的的盲目懒散人士,这样"慢就业"会成为变相的"懒就业""不就业",最终成为"啃老"的遮羞布。

2. 对"慢就业"的可接受时长调研

调研组对高校的教师访谈后发现,"慢就业"毕业生并非全然迷茫和没有时间规划。恰恰相反,有些毕业生会考虑机会成本和时间成本。上海大学的一位教师在接受访谈时说道,曾经有个一心想进国企的学生,因为之前想考研,错过了找工作的黄金时间,目前求职进度暂时落后,但是老师在跟他交谈后发现,他的求职计划维持到毕业半年后,如果到毕业当年年底再找不到国企的工作机会,他就不会一直耗下去,会找其他企业的岗位。该受访教师赞同这名同学的做法,认为"慢就业"的状态最好控制在一年以内,以免毕业生在就业市场的竞争力下降。

3. 对"慢就业"的原因认知调研

从对受访者的访谈情况可以看出，高校教师认为毕业生的"慢就业"受学生个人、家庭、学校和社会多方因素影响，部分原因超脱了物质约束，如学生更追求兴趣和职业的匹配性。

从事多年大学生就业指导工作的上海某大学赵老师认为，如今90后大学生求职方式和观念的多元化发展，使大学生的择业标准更加多元，大学生对待找工作的态度更随性。赵老师表示，大学生心目中好工作的标准已与之前不同，他们更注重工作是否使自己快乐和舒心。从事创业教育的张老师说，现在很多时候不是大学生挑剔工作，而是一些家长对90后就业观念不认同。他们坚持自己的想法，帮助孩子择业，这种做法其实对大学生就业过程中的自我成长和以后在职场的长远竞争有不太积极的影响。大学生应该与父母等长辈对就业想法进行沟通，树立良好的就业观，摆正心态，完成就业。学校对"慢就业"现象的产生也有一些影响，某高校从事就业指导的教师表示，近几年外面社会变化太快，学校人才培养、专业培养环节跟社会还是存在不匹配，甚至脱节的情况，学生在学校学了四年，到社会上求职时发现这些专业可能不需要这么多毕业生，这是由结构性矛盾还有学校自身的人才培养质量引起的问题。

第五章
理念重构：面向未来的职业生涯教育

一、关注自驱力：从社会定制走向自我人生设计

哈佛大学教授戴维·麦克利兰等人根据研究结果，提出了成就动机理论。他们认为个体在工作情境中通常有三种重要的动机或需求——成就动机、权力动机和亲和动机，这些动机支撑和促进个体的实践与发展。而在所有动机中，成就动机是推动个体的根本力量。因而，职业生涯教育首要关注的应该是与成就动机密切相关的个体的自驱力，即关注个体的主体性、生涯理想和人生价值取向。

（一）关注个体的主体性

联合国教科文组织国际教育发展委员会在《学会生存——教育世界的今天和明天》中指出："未来的学校必须使学习者成为他们获得的知识的最高主人而不是消极的知识接受者"，"必须把教育的对象变成自己教育自己的主体，受教育的人必须成为教育他自己的主人；别人的教育必须成为这个人自己的教育。"不管在学校教育中还是生涯发展过程中，个体的独特心理特征、人格等都应是关注的重点，这样教育主体才能进而挖掘个体内在潜能，鼓励个体多元化发展。

从哲学的视角审视，人的成长与进步历程本质上是人的主体性展现与发挥的演进过程。生涯探索与发展作为终身学

习的有效途径之一，更应该关注个体的主体性，从培养个体主体意识和主动精神、关注个体个性化特征、挖掘和激发个体的潜能等方面开展各项工作。

1. 培养个体主体意识和主动精神

在就业过程中，主体意识是个体表现自我的一种自觉的能动意识，是个体自主性、能动性和创造性的集中表现。受传统应试教育的影响，现实中相当一部分大学生主体意识欠缺，缺少对个人未来生涯发展的思考。

"知己"是主体自我的确立与对自我的客观认识，"知彼"是主体对客体的反映，"抉择"是主体自我的理性选择，每一个要素无不以突出个体主体意识为前提。生涯探寻和规划能有效地帮助个体客观地认识自己，认清自己的主体地位、主体能力和主体价值，进而帮助个体培养生涯发展的主体意识。有了主体意识和主动精神，个体就能内生强烈的职业发展责任感与自信心，不仅能自觉调整就业心态、转变就业观念、确立生涯发展目标，还能充分发挥自身主动性和创造性，把握生涯发展规律，提高生涯规划和管理能力，并最终实现自己的人生理想和目标。

2. 关注个体个性化特征

生涯是每个人根据自身的人生理想，为实现自我而开展的独特生命旅程，生涯教育也要求教育者尊重每个人的个性，让个体客观认识自我，从自己的特点出发，规划个人生涯。这就要求教育主体关注生涯教育对象的个性化特征，帮助其正确认识自己的专业知识结构、性格特点、特长与技能等，并进行符合自身实际的科学定位，减少其生涯探寻和发展过程中的盲目性和随意性，提高其生涯发展质量。

关注个体个性化特征需要生涯教育主体对个体进行个性化的生涯指导，在对其个性心理和生涯前景进行科学分析的基础上，促进其对生涯活动的规划、管理与设计，强调其自身终身发展和学习的重要性。生涯教育要从根本上体现以人为本的理念，以提高个人和用人单位双方的满意度，实现人力资源的合理配置。因此，合理有效的生涯活动和指导需要教育者对生涯活动进行科学、个性化的相关测定，帮助个体正确认识自己的兴趣爱好、态度、能力倾向、气质特征和特长等个性特征，并帮助个体根据自身情况进行合理定位，科学规划生涯发展路径，从而为个体生涯的成功奠定基础。

3. 挖掘和激发个体的潜能

个体的潜能是指个体在特定领域或全面发展中尚未被充分展现或利用的能力、技能。它是个体与生俱来的天赋与后天学习、实践相结合的产物，受到自然遗传、文化继承、社会实践等因素的影响，具有无限性和可塑性。

传统的就业指导主要聚焦于即将毕业的学生群体，其范围局限在解决个体眼前的就业需求。指导内容大多局限于阐述就业政策、搜集就业信息、剖析当前就业形势以及传授求职技巧等层面，未能充分关注个体职业生涯的长远规划与持续发展。此种模式容易使个体缺乏明确的生涯理想与目标，个体的主体需求层次低,甚至轻易自我满足,导致自身潜能难以得到有效开发。教育主体若想激发和挖掘个体潜能,需要通过生涯教育,帮助个体设定明确目标、培养个体积极心态,使其持续不断地学习和成长。在此过程中个体还要寻求关键人物的反馈与指导,同时培养自律的习惯以及挑战自我与突破舒适区的方法,通过努力和实践,不断挖掘和激发自己的潜能,实现自我价值的最大化。

(二) 关注个体的生涯理想

生涯理想是个体对自己职业的愿景性追求,具体表现为对将来从事职业方向的目标设定与价值期待。生涯的现实发展需要生涯理想的导航和推动,理想需要现实的努力来实现,生涯理想与生涯现实需要靠生涯目标联结起来。

生涯理想是生涯素质的重要组成部分,有了崇高的生涯理想才能产生良好的生涯行为,并不断实现生涯目标。个体的生涯理想是其生涯发展的根本动力,对于个体发展和社会发展都具有十分重要的意义。因此,生涯教育必须改变传统陈旧的方式,更新封闭单一的就业指导模式,重视个体的兴趣,将社会发展和时代要求与个体的生涯理想紧密结合。生涯教育还需引导个体关注时代和社会发展方向,围绕生涯理想不断做好自身生涯的规划和设计,从终身学习的视角更新和改造自我,以适应不断变化发展的时代和社会,使自我与社会更好地协调发展,最终实现个体全面发展和终身发展。

(三) 关注个体的人生价值取向

从生涯发展理论和实践的发展历程来看，生涯发展观内涵不断深化，逐渐强调从个体的终身发展出发，帮助其进行自我生涯规划，并对规划进行动态管理和适时调整。同时，随着时代的变化和社会的发展，个体要在社会上获得更好的生涯发展，不仅要努力适应社会，更要努力改变周围环境以更好地促进自我的发展。因此，从这个意义来说，生涯发展观也追求个人生涯发展与社会发展的和谐统一。为实现这一目标，生涯教育需关注个体的人生价值取向。

从我国生涯发展的现状来看，生涯观念局限于指导个体对工作本身的选择，并且偏重人与事的配合，而忽略了个体的价值观和个体对社会的效应问题。例如，一些个体在就业之后立即主动参与贪腐事件，其根源还是个体没有树立良好的职业价值观和道德观，其结果对个体自身和社会都造成了不同程度的危害。这样的社会现实对我国生涯教育提出了新的要求，需要教育主体从单一追求个体本身的生涯目标确定和选择，逐渐转向通过科学多元的生涯发展工具和路径，培养个体的价值观和职业道德，从而达到个体生涯发展与社会发展的和谐统一。

二、强调终身性：从定时定点学习走向泛在学习

1994 年在罗马举行的首届世界终身学习会议指出，终身学习是 21 世纪的生存概念，强调通过持续的支持过程开

发人类的潜能。它激励人们主动去获得他们终身所需要的全部知识、价值和技能，并使人们在任何任务、情况和环境中有信心、有创造性地、愉快地应用这些素质。终身教育的提出，打破了"一劳永逸"式教育思想的桎梏，强调教育应当是终身的事业，是持续一生的过程。终身学习理念主要有以下几点。

（一）终身学习的特征要义

1. 学习是一种生存方式

在快速变化的社会和环境中，持续学习是适应新情况、新挑战的必要手段。通过不断学习，个体能够掌握新的技能、知识和思维方式，从而更好地应对生活中的各种变化。同时，学习是个体实现自我价值、追求成长的重要途径。通过学习，个体可以提高解决问题的能力、培养创新思维和批判性思维，从而更好地应对未来的挑战。

2. 尊重学习者的主体性

尊重学习者的主体性是教育过程中的一项重要原则。它有助于促进学习者的个性化发展、激发个体学习动力、培养个体自主学习的能力和创新思维。为了实现这一目标，教育者需要关注学习者的感受、为学习者提供选择的机会、鼓励创造性学习并建立平等的师生关系。

3. 学习是一个终身进行的过程

世界在不断地变化和发展，新的技术、知识、观念层出不穷。为了跟上时代的步伐，个体必须持续学习，不断更新自己的知识和技能，以适应不断变化的环境和社会需求。在职业生涯中，个体需要不断学习和提升自己的专业技能，以保持自身的竞争力。随着行业的发展和技术的更新，持续学习成为个体职场成功的关键因素之一。

4. 学习是一个全面开展的过程

学习不仅仅是知识的积累，还包括技能的培养、态度的形成、价值观的塑造等多个方面。一个全面开展的学习过程应该涵盖认知、情感、社交、身体等多个维度的发展。由于学习是一个持续不断的过程，贯穿个体的整个生命周期，全面开展的学习应该鼓励学习者树立终身学习的理念，鼓励个体不断追求新知、提升自我。

5. 学习是一个全方位实施的过程

个体在各种环境中不断学习并掌握全面的知识内容、采用多样化的学习方式、注重实践环节、投入积极的情感以及采用多元化的自我评估方式。这种全方位的学习有助于个体全面发展，能够提升个体综合素质，为其未来的生活和职业发展打下坚实的基础。

（二）终身学习理念对个体的要求

终身学习视角下，个体生涯发展受自我、社会、环境、家庭等因素的多重影响。伴随着时代和社会的发展，生活环境的变革较之以往更为频繁，人的发展也从相对稳定的状态逐步转变为经历多个变动阶段的状态。从生涯发展的观点看，人的发展已转变为一个主动的、贯穿终身的过程，而非一个被动的、短暂的、消极接受的过程。生涯发展的广度将会更为多元和多样，生涯发展的深度将随发展阶段的不同而作出相应的调整。因此，个体需要从思维能力、创新能力和自主学习能力、意志品质与习惯的持久性等方面不断自我提升，以实现终身发展的生涯目标。

生涯教育是时代背景下对终身教育思想进行积极回应的一种形式，本质是一种贯穿人一生发展阶段的成长性终身教育。它以职业发展为核心，旨在倡导个体通过终身、持续、不间断地接受教育，不断提高文化素养和职业技能，提高生存能力和竞争能力，最终实现个人的充分发展和最优发展。生涯教育倡导社会成员通过不同形式的学习，认识自我、认识职业和认识社会，从而合理规划和安排人生，过上积极且有意义的生活。终身学习理念对个体应具备的能力提出了以下要求。

1. 良好的思维能力

思维能力表现为个体通过分析、比较、抽象、概括、具体化等一系列过程，对感性材料加工处理，让其转化成理性认识及解决问题的能力。在学习过程中，人们需要通过判断、推理、概括、分析等途径对感性材料进行整理、加工，寻找出事物的内在联系，把握事物的本质。众所周知，各种学习能力在人一生中达到高峰期的年龄段各异，思维能力一般在18～49岁时达到个体一生中的顶峰。思维能力不但是衡量个体学习水平的重要标志，同时也是体现和证明个体学习优势的重要能力。

思维能力的发展建立在广博知识与丰富经验的基础上，与儿童相比，成人个体有着更成熟的身心和深厚的阅历。这些因素促使着成人理解水平的发展，使其能更好地对事物作出分析与比较，思维能力在成人终身学习过程中起着举足轻重的作用。

2. 良好的创新能力

随着全球化的加速推进，创新能力已成为国际竞争中各国夺取优势的核心要素，因此，培育具有创新精神的人才，努力建设创新型国家成为全球各国的发展目标。简单来说，创新能力就是运用知识和理论，在科学、技术、艺术和各种实践活动领域不断提出新思想、新理论、新方法和新发明的能力，主要包括创新意识、创新思维、创新技能等。

生涯教育与创新能力的培养是提高人才竞争能力的重要手段，它们彼此融合，互为助力。创新能力是人的智力核心，更是人们适应社会发展最重要的"生存能力"。生涯教育是提升个体创新能力的重要方式，创新能力的培养与提高可以提升生涯教育的有效性。

在个体的生涯实践中，创新能力主要是一种思维能力，其实质是学习知识，积极进行职业探索，规划未来，以良好的心态在生涯的发展中不断调整自我、完善自我，以适应外部职业环境变化的能力。因此，生涯教育可以从创新意识、创新思维和创新技能等方面对个体加以培养，以提升个体的综合能力，具体如下。

（1）知行统一，加强对个体创新意识的培养。个体先通过系统的理论学习掌握创新的基本理论和方法，再将这些理论知识应用于实际项目中，通过实践来检验和深化理论认识。这种理论与实践相结合的方式，有助于帮助个体将知识转化为解决实际问题的能力，并建立终身学习的态度，定期回顾自己的工作和学习成果，找出改进空间。这是个体保持创新活力的关键。

（2）以人为本，加强对个体创新思维的培养。教育主体应从个体差异角度，认识到每个人的思维方式、兴趣爱好和创新能力都有所不同，并为每个个体提供个性化的学习和发展空间，让个体能够根据自己的兴趣和特长进行探索和创新。教育主体应将生涯教育作为载体，鼓励个体自主学习，并通过自我驱动的方式获取新知识和技能，培养自身持续学习和创新的能力。

（3）学以致用，加强对个体创新技能的培养。创新技能作为创新能力评价的关键指标，是将创新意识、创新思维转化成创新成果的重要手段。教育主体要帮助个体将理论知识与实践操作紧密结合，通过项目导向学习、模拟与创新实验室、案例研究与分析、导师指导与反馈以及持续学习与创新网络等策略，帮助个体不断提升自己的创新能力和水平。

3. 良好的自主学习能力

自主学习是一种重要的学习方式。它是指个体在学习过程中主动、独立地选择、监控、调节和管理自己的学习活动，以达到学习目标的一种学习方式。它强调个体的主体性和能动性，要求个体在学习过程中具备自我决定、自我监控和自我反思的能力。自主学习能力作为一种成人在开放学习环境中的高层次、综合性学习能力，一般包括自我分析、自我评价、自我设定学习目标等自我意识，这些因素构成了自主学习的本质特征。

未来职场对工作者的基本能力提出了更高的要求，问题解决能力、环境适应能力以及知识创新能力都将是关键能力。如何培养关键能力则成为各国积极探索的教育问题。这不仅仅对学习内容提出了要求，更需要人们转变对学习能力甚至是学习内涵的认识，即当学习不再局限于必须了解的某些固定的内容，而被视为人类的一种历史进程时，自主学习能力将成为个体需要培养和锻炼的关键能力和品质。个体需要从事多种实践，学会如何表现自己，学会如何和别人进行交流，学会如何探索未知世界，学会如何继续不断地、自始至终地完善自己，从而完成健康充盈的人生成长历程，呈现出未来社会的一个合格公民一生的全部内容。

4. 良好的意志品质与习惯

意志品质指的是个体在意志行动中表现出来的稳定、鲜明的个性心理特征，主要通过自觉性、果断性、坚韧性和自制力四个维度展现。良好的意志品质在每一个维度的呈现都是适度且灵活的，并不过强或过弱。

（1）自觉性是指个体主动、自发地认识、掌握和遵循客观规律，以及按照客观规律办事的能力或特性。在心理学中，自觉性通常与个体的自我意识和自我控制能力有关。良好的自觉性表现为行动的主动性、积极性、独立性、灵活性等。

（2）果断性是指个体善于迅速地判明情况，适时而且合理地采取决定，并坚决地付诸行动的意志品质。

（3）坚韧性是指个体能够以坚忍不拔的毅力、顽强不屈的精神，克服一切去执行决定，在困难面前或威逼利诱面前依然毫不动摇，坚持不懈地去实现既定目标的意志品质。

（4）自制力是指一个人自觉地控制和协调自己的思想、情感和行为的意志品质。

习惯是一种由于重复而自动进行的行为，也是个体看待事物的方式和态度。良好的习惯能够帮助个体不断完善和发展自我，并辅助其他能力的发展。

生涯教育不同于其他教育，需要通过个体的运用和实践得以实现。良好的意志品质和习惯是生涯教育实现的重要保障，它能够从根本上辅助和完善个体其他生涯能力的发展。个体生涯发展的各个阶段都有不同的侧重点，而意志品质与习惯培养是每个阶段都需关注的重点。随着个体生涯的不断发展，意志品质与习惯也与其他能力相辅相成，共同推动个体生涯的发展。

总的来说，终身学习素养是基于全球发展背景和我国生涯发展需求的必然选择，也是实现个体生涯目标的有效途径。良好的思维能力、创新能力、自主学习能力、意志品质和习惯是这一素养的重要体现，它们相互交错，相辅相成，共同推动个体生涯的发展。

自主学习为生涯发展提供动力，处于终身学习素养的核心地位，也是推动个体生涯发展的关键；良好的思维能力和创新能力是终身学习的基础，同时也是生涯发展的底色；良好的意志品质和习惯则是重要保障。各个能力之间相互依存、相互支持，对其他相关能力的发展起到协助作用，共同推动终身学习背景下个体生涯的发展。

三、重视适应性：从人职匹配走向无边界职业生涯

伴随着全球化、信息化和智能化的不断发展，组织的发展和变迁呈现出扁平化、虚拟化等新的特征，这都对个体的生涯发展产生了重要影响。这些特征一方面为个体生涯发展提供了更多的便利和可能性，另一方面也对部分职业造成冲击，甚至一些职业会被智能化机器取代。在此背景下，个体如何规划自我生涯以适应此种发展趋势成为关键。

易变性职业生涯、无边界职业生涯、平衡工作与家庭关系是当前职业生涯发展的几个趋势，也预示了未来职业生涯发展的方向。

（一）强调自我成就感的易变性职业生涯

美国雷蒙德·A. 诺伊教授认为，易变性职业生涯是指由于个人的兴趣、能力、价值观与工作环境的变化而经常发生改变的职业生涯。易变性职业生涯的主要特点是，员工要对职业生涯管理负主要责任，心理成就感在更大程度上由员工自己控制，易变性职业生涯更强调连续性学习，强调激发人的潜能和创造力，给员工的工作赋予意义（表5-1）。

表 5-1 传统职业生涯与易变性职业生涯的对比

比较项目	传统职业生涯	易变性职业生涯
目标	晋升、加薪	心理成就感
心理契约	工作安全感	灵活的受聘能力
责任管理	公司承担	员工承担
运动	垂直运动	水平、垂直、多样化运动
方式	直线性、专家型	短暂性、螺旋型
发展	很大程度依赖于正式培训	更依赖人际互助、在职体验和自我管理
专业知识	知道怎么做	学习怎么做

易变性职业生涯的目标是心理成就感，它是员工由于达到了人生目标而产生的一种自豪感。该理论认为传统的心理契约（员工进入一家公司，努力工作取得好的业绩，以员工的忠诚和承诺来换取公司更好的回报和稳定的工作）已经被新的心理契约所取代，新的心理契约以终身的学习和改变的个人特质为基础，注重个人心理感受的成功，而不仅仅是公

司对个体工作的认可①。

(二) 关注胜任力的无边界职业生涯

进入21世纪后，以小型家庭办公室（small office small home，SOHO）和基于电信运营商服务的办公模式为标志的信息化工作方式在发达国家迅速发展。考虑到组织再造和心理契约的变化，研究者们开始考察跨越多个公司和边界的职业生涯问题。对传统职业生涯提出挑战和发展的无边界职业生涯应运而生，它标志着员工的职业生涯发展规划从企业内部发展到超越企业的边界，员工的流动跨越了组织、职业、部门的界限，个人职业生涯发展具有了更大的灵活性（表5-2）。

表5-2　传统职业生涯与无边界职业生涯的对比②

比较项目	传统职业生涯	无边界职业生涯
雇佣关系	职业安全感换取忠诚	职业机会换取工作表现与灵活性
职业边界	一两个组织	多个组织
能力	与公司相关	可迁移
成功标准	报酬、晋升、地位	对工作意义的主观认同
职业生涯管理的责任	组织承担	个人承担
培训	正式、系统	在职、自觉
职业发展阶段	与年龄相关	与学习相关

---

① 林枚,李隽,曹晓丽.职业生涯开发与管理[M].北京：清华大学出版社,2010：51.

② SULLIVAN S E. The changing nature of careers: a review and research agenda [J]. Journal of management, 1999, 25(3): 457-484.

无边界职业生涯理论最重要的观点是强调个人学习和技能发展的重要性，即通过跨越组织边界、即时的学习提高人们的胜任力，增加便携式的知识、技能和跨越多个公司的才干，以便帮助人们提升在人才市场中的可雇佣性[①]。

(三) 平衡工作与家庭关系

随着劳动力结构的变化，越来越多的已婚女性进入工作场所，工作与家庭关系成为政府、家庭、员工以及企业需要共同面对的问题。为了帮助员工平衡工作和家庭生活，解决工作、家庭之间的冲突，政府发出倡议甚至立法，促使企业引入惠及员工家庭的管理政策。雇主们为支持相关法规和政策，制定了诸如弹性工作制、延长产假、儿童抚养辅助等人力资源政策。

为了帮助员工处理好工作与家庭之间的关系，组织可以提供一些比较灵活的工作安排。例如，弹性工作时间就是一种有效的办法，它能为员工在完成他们工作的同时提供处理私事的自由，弹性工作制主要包括弹性日程、压缩工作周、兼职和远程办公、缩短工时、工作轮换和工作分享等。除此之外，一些组织还提供了其他种类繁多的人力资源实践措施，如延长法定产假或育儿假，提供带薪的私人假期和额外的保险计划、健身服务、补贴等，这为许多中年员工解决了

---

① 林枚,李隽,曹晓丽.职业生涯开发与管理[M].北京：清华大学出版社,2010：51.

切实的困难。

  总之，未来生涯教育将面临更复杂的环境，机遇和挑战也愈来愈多。唯有通过个体、政府、企业/组织、专业机构等的协作，并辅之以完备的支持系统，才能真正实现生涯教育对个体终身发展的作用。

第六章
路径探索：新时代职业生涯教育的整体设计

一、生涯发展的阶段化教育路径构建

从生涯理论的发展历程来看，舒伯、金斯伯格、格林豪斯等人都对个人职业生涯发展进行了阶段性的划分，并提出了自己相应的理论。这些理论将个体的生涯发展分为三个阶段或者五个阶段，并提出了每个阶段的任务和主题，为个体生涯发展实践提供了方向，也给本书的研究奠定了基础。综合大多数学者的看法，本书认为职业生涯周期通常包括职业生涯建立期、稳定期和隐退期。

个人职业生涯的设计要依据个体生涯发展所处阶段的实际情况，将个人生涯目标与组织生涯目标相结合，在对个体生涯的主客观条件进行测评、分析和总结的基础上，结合自身的爱好、兴趣、优势、特点等进行综合分析和权衡，确定自身职业发展目标，并为实现这一目标制定切实可行的举措。

（一）职业建立期：以角色定位和身份认同为主导

1. 职业建立期个体生涯发展的着力点

个体由学校进入组织，以工作者的身份开始进入职业生涯的阶段，通常称为职业建立期。在这一时期，个体特征主要表现有：进取心强，具有积极向上、争强好胜的心态；职业竞争力不断提升，同时渴望职业成功；成家立业，结束单身生活等。

个体在前期准备的基础上进入一个组织开始工作，一切处于待摸索和待探讨的阶段，个体可能面临与组织其他成员存在隔阂、遭受职业挫折、现实冲击等难题与困境。从根本上说，最大难题是身份和角色的转换，即从学生身份向工作者身份的转变。因此，处于此阶段的个体需从以下着力点展开对自我生涯发展的规划和探寻。

（1）熟悉本职工作，培养职业胜任力。个体进入一个陌生的工作环境，对组织和其他员工不熟悉，且对工作内容、程序和制度等不了解，容易产生手忙脚乱和不知所措的感觉。要解决这一问题，个体需要尽快熟悉本职工作，掌握正常的工作程序、工作方法和内容，形成系统化的工作思维。具备可雇佣的能力、能够胜任工作任务是提高胜任力的关键，也是开发个人职业锚的重要保障。

（2）强化工作技能，提高职业的适应性。对于新入职员工来说，不熟悉工作内容和程序是必然的，但新员工同时也应明白，这只是暂时的现象。个体可以通过提高工作技能，以积极的心态去应对问题，迅速地实现角色适应和身份认同。提高个人的职业适应性就是要尽快习惯、调适、认可各种因素，使职业工作的性质、类型和工作条件与个人需要、组织目标最大程度地联结，保证自身在工作中获得最大的满足感。

（3）逐步适应组织环境与文化。个体进入组织后，除对工作缺乏经验外，对组织环境和文化也较为陌生，因此需要通过学习和实践的方式进行探索与适应。同时，组织也可以通过制度建设、团队活动等多种方式，帮助新入职员工了解组织环境与文化，帮助其尽快适应新的工作。

总的来说，处于新入职阶段的个体，对未来职业生涯充满憧憬和想象，具有前进的动力。同时，这一阶段的新员工也常常处于矛盾和纠结的阶段，自我身份认同和角色转换往往会存在一些困境。因此，职业建立期的个体最核心的任务是实现角色转换和身份认同，只有这样才能更好地为下一阶段的职业生涯奠定良好的基础。

2. "慢就业"毕业生职业建立期的生涯教育重点

1）精准画像

针对"慢就业"的毕业生，教育主体需要精准画像，以解决其职业规划发展的不同需求。"精准"一词近几年被广泛使用于各种公共服务的供需对接领域中。教育部在2016年首次提出高校毕业生就业工作精准服务的要求，要求各高校重视精准就业服务工作，准确掌握供求信息，建立精准对接服务平台，大力拓展服务内容，同时确保信息安全。这一工作要求背后的逻辑源于传统的就业管理模式无法满足高校毕业生日益增长的多元化择业需求，蓬勃发展的市场经济下不断涌现的新兴职业也不能通过传统的匹配手段进行人岗对接。具体从高校供给端来看，产生精准画像需求的根本原因是高校毕业生对就业岗位的需求出现较大个体差异。这些个体差异被自由的学习方式、碎片化的信息和快节奏的社会生活所掩盖，很多大学生直到进入高年级都还在随波逐流。

不同年龄、不同学历、不同性别，以及毕业于不同类型高校的"慢就业"毕业生对自己的职业选择存在认知、决策、行动轨迹和结果方面的差异。因此，应对"慢就业"必须从每一位高校毕业生的内外优势特点出发，从以下方面尽可能找准差异点，做到精准画像。

（1）个性特点的差异。不同的个体天赋、成长环境、教育基础、生活经历都会导致大学生形成不同的个性特点，面对同样的就业形势和职业机会，不同的毕业生会有不同的职业认知和期待。

（2）专业优势的差异。不同专业的就业市场需求不同，所在学校的品牌优势和学科背景也会影响毕业生的就业进程，教育主体在制定就业方案的时候，必须考虑毕业生所在学科的专业特点。

（3）就业能力的差异。就业能力包括专业知识、通用技能和自我管理能力，其中自我管理能力是核心，专业知识是根基。大学生注重专业知识的学习，往往忽视通用技能尤其是自我管理能力的培养，教育主体除了了解大学生的绩点分数之外，还需要考察他们这两方面的能力。

（4）外部资源的差异。对就业机会的把握是个人能力与社会资源叠加的产物，在家庭和社会资源方面较弱的毕业生更需要学校的帮助、关心与指导，以加快自身职业规划和求职进程。

通过以上这几方面的精准画像，教育主体能帮助毕业生制定更好的求职方向，满足他们生涯发展路上的不同需求。

2）强化实习

强化实习，让大学生在实干中自我觉察和生涯成长是针对"慢就业"毕业生在职业建立期的另一个生涯教育重点。随着高等教育进入大众化时期，实习成为毕业生从校园走向社会、从学生转变为职场人的重要一环。企业会将大学生在校期间的实习实践经历与岗位匹配程度作为筛选简历的条件之一，这是大学生人力资本积累的结果，在就业市场上也具备信号功能。研究发现，实习经历对就业落实具有促进作用，高质量的实习有利于大学生高质量就业。比起查阅资料、学习调研，深入企业实习是在校生探索职业世界最直接、最有效的方式。不少毕业生因为实习期间参与过与求职目标岗位相关的项目，能够很快获得用人单位青睐，并迅速适应工作；还有的大学生通过实习对所学专业和未来发展有了深度思考，对自己的生涯发展进行了更科学的定位。

根据不同的组织方式，大学生实习可以分为学校统一安排的教学实习与大学生为达成更好的就业结果自主参加的实习。这两种实习各有所长、互为补充，在现实中也都存在一些管理和操作上的困难：①学校教学实习方便管理，但是大规模的集中实习难度较大且无法满足学生个性化的需求；

②自主寻找的实习能减少管理成本,但并非所有学生都能找到实习机会;③大学生重视绩点和学分,对待实习并不重视;④高校重教学科研,对实习环节的管理投入不够。以上原因使高校生涯教育中的职业探索部分难以受到学生和高校双方的重视,沦为纸上谈兵。因此,高校需要从教学实习和自主实习两方面,强化对在校生的实习投入。一方面,加大对教学实习的投入,优化产学研基地建设,提高大学生的职业认同和实习质量,把简单化、零碎化的实习变成系统化、渐进式的实习安排;精心设计具有吸引力的实习任务,适当延长实习时长,提升在校生的专业知识技能。另一方面,引导大学生根据兴趣特长,及早开展自主实习;激发大学生实习的主动性,鼓励其在与社会、与职场接触碰撞的过程中进行自我觉察,找准职业定位;增强校园实习的氛围感,发挥学校导师、实习同学、毕业校友的积极作用,逐步提高大学生职业目标清晰度,加快其就业进程。

3)加强就业服务供给

党的二十大报告指出,要完善就业支持体系,加强对就业困难群体的兜底帮扶。高校"慢就业"群体虽然没有"困难群体"的显性标签,但是通过与"正常就业"毕业生的比较可以看出,他们在就业层次、薪资报酬、就业流向等方面整体上处于弱势,而且长期处于就业空档期也会给个人成长和社会稳定带来隐患。因此,"慢就业"群体也需要倍加关注,需要高校从职业理想、就业能力、社会认知等方面持续给予其高度关怀。学校应该加强对在校生的职业测评与筛查，甄别出有"慢就业"倾向的毕业生，加强就业服务供给，转变被动"慢就业"人群的就业意愿、提高他们的就业能力，具体方案如下。

（1）针对"慢就业"群体，尤其是其中的消极被动"慢就业"者，高校需要引导他们主动接触社会，鼓励他们参与到各种校内外实习实践活动中，深入了解各类职业和工作岗位，增加职业认知和加快职业探索过程。高校还需在具体任务中激发"慢就业"群体的劳动意识、参与意识和职业认同意识，培养其对职业环境不确定性的接受度和容忍度，使他们学会变通。同时通过实习实践，工作任务式管理，高校应增强"慢就业"群体的职业素养和综合就业能力，提高他们的求职信心。

（2）搭建平台，给予资金支持和政策倾斜，为在校生提供参加游学、公益、实习和实践等活动的机会。各高校要满足主动"慢就业"群体在这方面的需求，给予他们足够的时间、空间去思考人生、探索世界，增加他们的认知能力，对他们进行阶段性赋能。这样一来，高校就能把学生"慢"下来的时间前置到中低年级，减少他们在毕业前这一就业关键期"慢"下来产生的时间成本、经济成本和心理压力。

（3）建立终身学习的生涯教育制度。信息技术的快速发展必然会引发社会生活各行各业的持续变革。树立终身学习理念对劳动者更好适应环境、应对职业不确定性有特殊意义。高校职业生涯教育固然有服务于就业指导的目的，然而其更大的使命在于助力毕业生的长期职业发展，使毕业生无论处于职业社会的何种位置，都能找到其生命独特的发展形式。高校生涯教育应把在校学习、职业培训与继续教育结合起来，使大学生既能不断挖掘、更新自己的技能所长，又能始终保持积极、平和的心态投入毕业后的工作生活中，发挥自身最大的价值，在实现自身幸福同时为祖国建设服务。

（二）职业稳定期：以专业能力提升和事业理想激励为重心

个体在经过职业建立期的彷徨和迷茫之后，开始逐渐适应工作环境和工作内容，并不断走向稳定和完善。通常我们将这一阶段称为职业稳定期，这一阶段是个体职业生涯过程中最长且相对重要的发展阶段。与职业建立期相比，此阶段的核心任务也由适应转向追求成熟和卓越。

从现有的访谈和调查结果来看，这一阶段的个体在各方面都趋于成熟，同时也受到了来自多方面的限制，如职业倦怠期和职业高原期的出现等。因此，为解决这些困境，个体在此阶段最关注的是自我专业能力的提升、工作动力和热情的保持以及对职业危机与职业倦怠的积极应对。

（1）专注于个体专业能力提升。通常来说，职业稳定期是个体经历了3~5年的职业适应期之后才能达到的阶段。这一阶段的个体，业务能力和职业技能都较之前有了大幅度提升，对组织文化的了解也更为深入，责任意识、集体意识等也趋于增强，生活和心理状态都步入稳定和正轨。为了保持个体生涯的继续前进，个体需要在专业能力方面继续提升，并在生涯发展方面寻找更为多元的上升渠道。

（2）关注工作动力和热情的保持。个体的职业稳定期往往处于工作的"黄金"阶段，此时个体在专业和人际交往能力方面都具备了一定的基础，工作效率稳中有升，形成了较为稳定的局面。但是，与稳定的职业发展相对应的是成倍增长的工作业绩、家庭环境和社会舆论等压力，对此个体可能会产生多种不良反应，其中最大的表现为工作倦怠（包括消极应付工作，对工作失去热情，对未来缺乏期待等），这对个体的生涯发展节奏起到了极大的阻碍。因此，这一阶段，个体需加强对自我生涯的反思，通过调整心态以适应新的变化，从而为自己减压。同时，个体也可以通过多种方式，进行生涯咨询，以保持工作的热情和动力。

（3）积极应对职业危机和职业倦怠。随着信息技术和人工智能的不断发展，各种职业面临着来自多方的冲击。一方面，技术的不断进步给职业发展带来了便利；另一方面，技术也改变着职业赖以生存和发展的环境，许多职业因此被边缘化，甚至被取代。在这种情况下，个体的职业危机感油然而生。因此，这一阶段个体除了关注专业能力提升外，更为重要的是积极应对来自各方的压力，以及由此带来的职业危机和职业倦怠。

总之，处于职业稳定期只是一个相对的概念，在当前职业发展背景下，个体需要树立终身学习的理念，不断提升职业素养，以适应生涯发展带来的多重挑战和机遇。

（三）职业隐退期：以个人愿望及自主选择为前提

由于职业性质及个体特征、身体状况等的差异，个体职业隐退期的起始时间各不相同。总的来说，处于职业隐退期的个体通常具有一些相同的特点：职业能力下降、知识体系老化、生理机能衰退等。尽管处于这一阶段的个体在生理和心理等方面能力都有明显的下降趋势，但是他们在生涯发展过程中积累了大量的经验、技能和阅历，在融入组织文化方面具有独特的优势。因此，这一阶段的个体以自主选择和实现个人愿望为主要目标。这一阶段促进个体生涯发展的工作可以从以下三方面开展。

（1）尊重个体的自主选择。如前所述，尽管很多个体在年龄方面已经到达了职业隐退期阶段，但他们中的一部分人在体力和精力方面依然能够胜任工作，愿意为组织贡献自己的余热，并保持对工作的热情。因此，组织可以为这部分群体提供一些生涯路径供其选择，以更好地尊重他们的自主选择，提升其生涯发展的效果。

（2）协助个体规划隐退后的生涯发展。人口老龄化逐渐演变成一个全球性的问题，部分国家很早就开始实行弹性退休制度。我国"延迟退休"最早在2011年由官方提出。

2011年，由中华人民共和国人力资源和社会保障部、中华人民共和国国家发展和改革委员会等部门制定的《人力资源和社会保障事业发展"十二五"规划纲要》发布，提出"研究弹性延迟领取养老金年龄的政策"。我国"延迟退休"相关制度近年来持续发展完善，从目前来看，我国暂时采取的是尊重个体自主选择退休年龄的方式，照顾到个体差异，保障大部分个体的权益。一部分个体选择延迟退休，另一部分个体则选择认真规划和享受隐退期的生活。制定妥善的退休计划可以使个体顺利适应退休后的生活，最终达到稳定个体心理、保证组织正常"新陈代谢"的目的。而为个体提供退休后的生涯发展咨询和协助，并配套较为完善的系统化服务是当前隐退期生涯教育的有效方式和路径。

（3）强调个体的终身发展和终身学习。处于隐退期的个体，尽管在机能方面有所不足，但生涯教育主体也需关注个体的自我发展和价值追寻，从个体兴趣和爱好出发，关注个体的终身发展，以更好地助其实现自我价值。

总的来说，从个体的纵向和横向发展来看，除了作为工作者的身份之外，每个人还有多重身份。因此，此阶段个体需要调整心态，积极面对可能的变化，协调好工作与生活的关系，最终实现自我价值的追寻。

二、职业生涯教育的支持系统

从西方各国生涯教育的产生和发展过程来看，生涯教育是伴随社会就业市场发展要求而出现的。专业化的生涯教育机构与团队是开展生涯教育的前置要求，全程化、常态化的质量标准是开展生涯教育的基本条件，立体的保障机制与体制是实现生涯教育的必然选择。

（一）专业化的生涯教育机构与团队

生涯教育作为贯穿个体一生的、动态的教育形式，对个体生涯发展至关重要。组建规范化的队伍和专业化的机构，是保障生涯教育效果的有效途径，具体可参照以下措施。

（1）组建专门化、规范化、专家化的生涯教育队伍是基础。实践证明，我国职业生涯教育存在着内容肤浅、形式单一、效果不明显等问题，导致个体对生涯发展的满意度不高。生涯教育从本质上来看，是教育主体协助个体通过自我认知、目标规划、计划实施和评估反馈等方式实现个人人生价值的途径。生涯教育是一种专业的、高标准的教育方式，需要由专业教师、研究人员、咨询人员等组成的生涯教育团队。他们不仅具有丰富的生涯指导知识和实践经验，而且对当前的社会变化具有深刻的认识，能够针对未来一段时间内社会变化对个体职业生涯的影响做出预测，这才是推进生涯教育纵深发展的有效途径。此外，除充分利用政府、高校等机构提供生涯教育，更多的社会机构和组织都应参与到个体职业生涯教育中。

（2）要开展科学有效的专业调查，提高生涯教育的科学性和实效性。生涯教育是个性化的，它同时还具有社会性、阶段性等特点。因此，教育设计者要广泛征求个体发展需求和意见，在此基础上开发与建设适合个体需要的生涯指导或生涯教育课程体系，这样才能真正实现生涯教育的目的和效果。

（3）生涯教育的形式要具备专业化和个性化的特点。专业机构要摒弃停留在对就业技巧、就业政策等进行介绍这一照本宣科的教育模式，应融合专业性、多样化的生涯指导和生涯教育形式，使生涯教育惠及每个个体，从促进个体终身发展的角度提供专业化指导。只有这样，生涯教育才能真正实现科学化发展，逐步提高层次，最终实现规范化和有效化发展。

（4）需要探索生涯教育的专业测评技术及方法。对生涯教育开展测评有助于教育主体了解生涯教育的效果，为生涯教育的改进提供反馈信息，帮助教师改进生涯教育的实施过程，进而帮助学生调整自己的生涯教育规划。生涯教育的步骤主要包含了解自我、分析环境、选择职业、有效行动、及时反馈和评估调整等环节。个体在进行自我认知和分析的时候，由于经验的缺乏和主观性的存在，往往会出现认知的偏差，影响生涯规划和发展的结果。因而，借鉴国外成熟的、专业的测评技术和方法，成为生涯教育过程中的较好选择。

(二) 全程化、常态化的质量标准

舒伯认为，人的生涯发展是自身与外界交互的过程，是一个连续不断、循序渐进和无法回溯的过程。生涯教育作为教育的重要组成部分，与专业知识教育相辅相成。然而，关乎人生长远发展的生涯教育因一直没有受到应有的重视而游离于"体制"之外，没有成为教育的基本构成部分。由此，生涯教育服务体系也未真正构建，更无法发挥其全程化和终身化的作用。

如前文所述，终身教育理念的提出和实施都需要教育主体将生涯教育作为实现路径和目标，因而构建全程化、常态化的生涯教育质量标准是保障这一目标的重要途径。这种标准最为关键的要求是，企业/组织开展的个体入职后的职业生涯教育要从临时性的入职培训转为常态化、机制化的生涯培训。许多企业由于缺乏专业人员和机构承担生涯教育相关工作，出现了生涯教育的缺失或常态化标准的欠缺，这就导致个体职业生涯服务的滞后，典型的表现就是统一开展的入职培训。这种入职培训大多是走过场似的职业技能培训和注意事项告知，其生涯服务内容粗浅且缺乏科学合理性。有一些具备一定的生涯教育服务能力的组织或企业，虽然能够在生涯服务上胜人一筹，组织具备创新性的团体辅导活动和个人辅导活动，提供生涯发展路径指导，但是这些指导多停留在方式方法上，并未有效整合各种资源，也未有效利用各方力量形成一整套完善多样化的机制。同时，这些看似丰富的

活动往往是一次性的、个别化的指导和服务，缺乏有效的跟踪反馈机制，因而对个体生涯发展来说意义不大。

全程化、常态化的生涯教育至少应当具备以下三个特征。

(1) 可持续性。所谓可持续性，即某项资源的运用应当是持续进行的，而并非阶段性或零散化的。因此，生涯教育需要具备完善的政策和制度环境，具有一套完善的考核和评价体系，明确各方权、责、利，从而有效发挥各项资源的作用，形成一整套有效的跟踪反馈机制，实现可持续的信息反馈和资源可循环利用。

(2) 专业性。生涯教育需要具备专业化的人才、专业化的知识和专业化的工具。专业化的人才是科学有效帮助初入职人员认识自我、评估自我、探索自我的基础；提供生涯教育服务的专业人员应当掌握专业的生涯辅导知识，具备较为丰富的职业经验，具有充分的心理学知识，能够取得相关职业认可；专业化的工具能够帮助个体进行自我测评，帮助作好个体的职业环境分析以实现精准的人职匹配目标，使个体找到自己的兴趣点和个性，从而有效选择职业。

(3) 服务性。生涯教育不只需要教育，还需要一种服务的意识。所有的制度设计都应当本着为个体服务的意识执行，只有怀抱这种心态，才能为个体提供个性化和专业化的服务。

（三）立体的保障机制与体制

帮助个体开展生涯教育，并实现其自我价值将是我国生涯教育的未来发展方向。为实现这一目标，我们需要构建立体的保障机制与体制。

1. 国家政策与制度作为引领与保障

知识经济时代背景下，在科学技术飞速发展和经济竞争全球化进程急剧变动的影响下，劳动力市场对个体提出了越来越高的要求。个体生涯发展需求日益凸显，生涯教育已经成为个体满足社会生存需要、提高就业竞争力、适应生涯发展变化的重要途径。

然而，从我国目前生涯教育的发展现状来看，学校生涯教育开展较为普遍，而职后生涯教育的理论研究和实践开展都较为贫乏，远远不能满足个体的发展需求。从世界各国的生涯发展现状来看，较为成功的实践模式都是以国家政策与制度为保障的。

澳大利亚作为一个联邦制国家，主要的政府职责分配给联邦、六个州和两个领地。生涯教育及其服务是联邦的职责，有些州也会提供服务。相应的州、领地教育部在发展和管理学校的生涯教育、为学校的生涯教育提供资金方面发挥了重要作用，联邦主要为生涯信息资源提供资金。澳大利亚生涯教育在实施的过程中得到了来自家长、社区、企业等方面的支持，他们之间的通力合作反映在各种各样的生涯教育实践活动中。

生涯教育在新西兰政府中受到高度重视,新西兰教育部于 2003 年发布了《新西兰学校中的生涯教育与辅导》(Career Education and Guidance in New Zealand Schools)这一纲领性文件,并设立官方网站,详细地规定和说明了生涯教育的内容、目标、实施手段以及评价等多个方面内容。

结合其他国家在政策与制度方面的生涯教育经验,本研究归纳出两个要点。

(1) 完善的生涯政策与制度设计是生涯教育的前提和基础。部分发达国家在进行生涯教育时,总是由政府独立出台、完善多样的法律,并由专门的部门和体制督促实行,同时还提供完善的财政支持。例如,美国出台了非常完整和及时的政策,规定了生涯教育人员的权、责、利,并安排了具体的事项,形成制度,各项指导工作均按章办事,有法可依。

我国生涯教育由于起步较晚,仍然处于初步实施阶段,相关制度和政策规范仍然处在初级水平,无法有效地督促和指导生涯教育的实施。这就要求政府尽可能地在法律上完善和规范相应的制度,使其能为个体生涯发展服务,以促进和保障个体生涯教育的顺利进行。

(2) 整个生涯教育的顺利开展离不开资金的支持,需要有专门的经费制度保障。个人作为社会的重要组成个体,需要社会提供支持才能得以发展,再通过个人社会价值的发挥回报社会。因此,生涯教育的开展需要政府设立专项的经费，用于各阶段生涯教育、辅导咨询、培训服务和软硬件的建设等，建立共享性的区域和全国网络系统。这既能保障生涯教育的开展，又能有针对性地加强个体的职业技能水平，为职业生涯目标的实现创建有益的条件和基础。

2. 专业生涯教育机构协助个体进行生涯决策

在这个竞争十分激烈的时代，变化和发展成为常态，职业选择和变化频率日益增加。个体找到和维持好工作机会的能力，成为生涯教育关注的焦点。生涯决策绝非一个即时的职业选择结果，而是一个非常复杂的决策过程。这一过程受个体的人格特征、职业兴趣、价值观以及教育背景、职业信息获取途径、独立程度、人际关系和家庭背景的影响。个体作出一个较为明智的生涯决策需要借助一定的决策方法，使决策更为理性、科学，在这一方面专业生涯教育机构能够为个体提供有力的支持。专业生涯教育机构采取的方法主要有以下几种。

1）SWOT 分析法

SWOT 分析法来源于战略管理领域，是将企业内部环境的优势（strengths）与劣势（weaknesses）、外部环境的机会（opportunities）与威胁（threats），同时列在一张表格中加以对照，以便分析内外环境条件的相互联系的方法。

专业生涯教育机构借用 SWOT 分析法进行个人的生涯决策，先分析个体自身的优势和劣势，然后对个体所追求的生涯环境因素和各种可选择的生涯前景进行分析，最后综合个体自身优势和劣势，厘清个体的生涯环境和前景，从而引导个体作出正确的生涯目标选择。在运用 SWOT 分析法进行个人的生涯决策时，机构可从多个角度确定个体自身的优势与劣势、机会与威胁。目前常被用来协助 SWOT 分析的是关键提问法，即在安静的环境中对自己提问，自我反省的方法。

2）CASVE 循环法

美国心理学家盖瑞·彼得森等人认为决策过程包括交流问题、分析信息或数据、综合数据、产生选项、利用优先考虑选项评价信息、通过采取各种行动执行计划。他们提出了五个生涯决策技巧：沟通（communication）、分析（analysis）、综合（synthesis）、评价（evaluation）和执行（execution）。在决策过程中这些技巧被循环使用。CASVE 循环可以为个体生涯决策过程提供指导。

专业生涯教育机构借助 CASVE 循环法可以解决在个体生涯决策中如何收集相关信息、处理信息，如何在众多可选择职业中作出正确的选择以及如何对整个生涯决策过程进行监督和调整的问题。

3）生涯决策平衡单法

生涯决策平衡单法是确定生涯规划的有效方法之一，它能够帮助个体分析每一个职业方案的可能性，将自己作出选择时需要考虑的项目列举出来，再用加权法分析权衡各种职业方案的利弊，从而选出最优方案。

这一方法可以将个体决策过程明晰化、科学化，帮助个体理性进行生涯决策和目标确定，提高个体生涯发展的可行性。

3. 多方协同的责任共担机制

生涯教育是实施素质教育的有效手段，也是实现个体能力提升的重要途径，关系到国家未来人才的质量和水平。生涯教育是一个连续的、系统的过程，需要个体、社会、企业/组织、专业服务机构等共同参与，整合多方资源，发挥各教育主体的不同功能，提高生涯教育的质量。

1）发挥个体的主体性

由于知识经济的出现，社会的价值取向也发生了极大的变化。知识和技能在社会发展过程中起着关键的作用，拥有更多知识和技能的人才成为市场中的赢家。随着全球化和先进技术的不断发展，知识和技能的更新速度也越来越快。在这个新时代，个体如果不贯彻终身教育，在生涯规划中不发挥主体性，就不能有效获得系统化的新知识并受到新技能的训练，便会在知识经济时代被淘汰出局。

个体要在生涯教育中处于主体地位和决定地位，需要从以下几方面发挥主观能动性。

（1）强调个人反思。生涯心理学家萨维卡斯指出，生涯不等于人的职业行为，而是人将工作与职业融合到自己的生命中的行为，是对职业行为的反思。这一观点不仅适用于职业生涯，也可以推广到人的全部生涯之中。因此，教育主体在进行生涯教育时,不仅要有生动、真实的体验式活动,更要有深刻、理性的反思活动。反思并不等同于一般的思考,它既有对外部环境的再认识,也包括对自我各方面的再认识,如对既定规则、传统观念、流行见解等的大胆质疑,对社会现实状况的重新审视和批判等。反思是人内化社会价值的必要途径,需要其对通过社会实践、职业体验、团体辅导等活动获得的经验进行思考,不仅思考获得了哪些知识与技能,更要思考这些知识、技能对自己的思维方式和行为会产生哪些影响。通过对价值观念进行澄清和辨析,个体结合社会现实分析自己可能存在的不切实际的幻想或不合时宜的观念,形成对自我兴趣、性格、优势、价值取向更理性、更全面的认识,这些新的观念和新的认识会影响他们的规划和后续的行为。

(2)注重交互。最初的职业指导关注的是人职匹配问题,完全从工作对人的要求出发,而对人本身的态度、期望、人格、价值观等主观因素重视不够。人既不可能被动地随波逐流,任凭环境摆布,也不可能脱离社会环境完全按照自己的意愿独立地发展。人生迈出的每一步,都是个体在与环境的交互过程中作出的选择和行动。生涯教育强调个体将社会价值内化为个人价值,实现个人价值与社会价值的统一。因此,个体要十分关注环境因素如何作用于自身,以及怎样利用这些因素实现自我的发展。

(3)建立关联。关联具有两方面的含义,一方面是横向的关联，指某一阶段个体的多种角色，如子女、父母、工作者、休闲者、公民等角色之间的关联，生涯教育要帮助个体认识不同角色的责任以及多种角色之间的关系，协调生涯发展中的各个要素，合理安排自身学业、工作、休闲和家庭生活，使"生命的彩虹"更加绚丽多彩。另一方面是纵向的关联。舒伯认为人的行为方向受到三种因素的影响：一是对过去成长痕迹的"审视"，二是对目前发展状况的"审视"，三是对未来可能发展方向的"展望"。这三种因素是相互影响的，过去是现在的成因，现在又是未来的基础。生涯教育要为个体终身发展服务，就要帮助其分析过去的经历和各种行为对现在状态的影响，思考现在的行为和每一个选择对未来的影响，指引个体关注和追求自己的成长与完善。

2）聚集家庭、学校、企业、社会等的合力

生涯教育是一个多方参与协作的教育形式，受到个体因素、社会因素和家庭因素等多方要素的影响。因而，在开展生涯教育时，教育主体应以生涯教育一体化、系统化为指导思想，立足于人的生涯和生命成长，将生涯教育前伸、后延，贯穿个体从幼儿园、小学、初中、高中、大学到工作、退休等生命各阶段。

实施职业生涯教育要采取多方联动机制，发挥不同群体的作用，开展生涯教育培训、引导生涯发展方向、提供生涯发展路径、进行生涯辅导和咨询等。多方合力的目的在于构建生涯教育共同体，以实现生涯教育资源共享，关注个体的终身发展，建构生涯意义。

最近几年，用人单位招不到合适的人和毕业生找不到合适的工作并存的矛盾日益突出，产生这一矛盾的根本原因还是市场供需未能适配。对用人单位来说，除了提供优渥的薪资待遇外，还要通过良好的企业文化、市场口碑吸引毕业生，营造良好的用工环境。此外，用人单位还要选择真正适合岗位要求的毕业生到岗入职，避免一味招揽高学历、名校毕业生充当企业名片，造成人才市场高门槛、高消费现象。用人单位应与高校保持联系，有效参与到专业理论教学和实习实训中，保证学生所学与社会所需能及时对接。对毕业生来说，"慢就业"并不等于不就业，很多岗位在选人用人的时候都会有年龄的考量，通过放缓求职速度来寻觅合适工作，也是需要付出时间成本的。个体要学会因时而进、因事而化、因势而新，用辩证的方法及时调整职业生涯规划，不能只看到自己想要的而忽视外部条件发生的变化，具体方式有以下三种。

（1）借助家庭力量。家庭作为个体的第一教育环境，对个体的生涯教育影响最为直接。家庭背景、成员组成和变动都对个体生涯目标确定、规划制定和实施等产生直接影响。个体可以借助家庭的辅助力量实现生涯发展。对家庭来说，对毕业生的择业选择要家校协同、客观评价、适当放手。家长应加强与学校的沟通交流，参与学校对学生的教育管理过程，了解孩子的在校表现和发展状况，与学校共同制订适合孩子的职业规划。家长不能以自己的职业偏好替代孩子的自我选择，也不能以自己的人生阅历强行干涉孩子的职业规划，应当营造积极和谐的家庭氛围，帮子女作好从学生到社会人角色转变的准备。

（2）获取社会支持。作为社会组成部分的个体，在社会的支持下才能更充分地发展。个体所从事的职业与社会的发展息息相关，社会提供支持生涯教育的环境和政策制度是生涯教育开展的前提和基础。社会机构要用足、用好各项就业促进政策，实现高校毕业生群体"应享尽享"，降低未就业毕业生在基本生活保障方面的成本，做好就业信息保障服务，加强对毕业生就业价值观的正面引导，提升其职业自我效能感，增加毕业生对所学专业适配职业的亲身感知和实践体验。此外，社会机构还要鼓励毕业生"先就业、再择业"，减少其被动待业时间，鼓励有专长的毕业生参与创业，激发大学生积极主动融入社会、参与就业的意愿，鼓励毕业生提升就业能力，来应对工作岗位上的不确定因素。

（3）寻求企业协助。企业作为个体进入职场后的最主要活动场所，承担着个体生涯发展的重要任务。除了进行必要的入职培训外，企业还应借助科学的工具和手段，从组织、制度和配套措施等方面及时针对个体展开生涯教育，以满足其生涯发展需求。

（4）借助专业服务机构的力量。我国生涯教育尚处于发展期，支持力量较为薄弱，需要更为专业的服务机构协助。

因此，将专业服务机构纳入到职业生涯教育体系中有利于整合更为专业的力量开展咨询和辅导，满足不同个体的发展需求。此外，专业服务机构可以运用其已有的资源，为个体提供更为多样的实践机会，并结合专业测评和辅导帮助个体更好地进行生涯规划和发展。

综上所述，生涯教育的发展受到多方面因素的影响，其发展也必然要借助家庭、社会、企业、专业服务机构的协助和支持。只有这样，个体才能在充分认知自我、分析生涯环境和路径方面更加科学和理性，个体的生涯发展才会更为顺畅。

三、个体生涯发展行动方案建议

职业生涯的发展应该是一个持续不断的、贯穿人一生的过程。从人不同时期的身心发展特点来看，个体在不同发展阶段承担着不同的任务，扮演着不同的角色，但同时各个阶段又相互影响、相互联系，共同构成了一个不可拆分的完整的生涯发展系统。如前所述，本章着重探讨和研究职业生涯教育应采取的对策，并从整体设计和支持系统两方面提出了建议。本小节则依据上述设计，帮助个体制定和规划个人生涯发展行动方案、找到更为可行的行动方向。

（一）学会自我人生规划与管理

当前，随着全球经济一体化的不断推进和以移动互联网为代表的信息技术的迅猛发展，人类社会迎来了新的技术革命和日新月异的信息浪潮，个体的发展环境和空间发生了巨大转变。如何适应社会的变化并实现个体价值是生涯教育将要面临的难题之一。在这种急速变化的环境下，职业的不稳定性增强，个体职业受到的影响增多，个体生涯发展遇到了前所未有的挑战，个体生涯的发展路径将更为多元，呈现出动态发展、终身发展和个性化发展等特征。对生涯教育者而言，在信息化时代，如何有效应对环境变化，如何满足个体的个性化生涯教育需求，在多样化的生涯教育工具中如何进行取舍等，这些都是新时代生涯教育必须解决的问题。

我国生涯教育起步晚，目前主要在大学阶段实施，在基础教育中还不普及，在职后教育中更是少见。在这种形势下，为个体提供生涯教育，尤其是职后生涯教育，帮助个体实现其自我价值应成为我国生涯教育的重要组成部分。同时，随着社会竞争程度加剧，组织的外部环境越来越不可预测，组织难以为员工提供充分的职业生涯教育。在此背景下，自我职业生涯管理显得更为重要，个体应注重自身在自我职业生涯管理中的主体性和主动性。为实现自我职业生涯这一目标，职业生涯教育需要构建动态的发展机制。这一机制将紧紧围绕"自我认知—生涯环境分析—生涯目标确定—生涯决策—生涯规划与管理—生涯评估反馈与修正"这一螺旋上升的路径展开，并在被不断修正完善的过程中为个体提供动态监测与支持。

1. 自我认知

希腊德尔斐神庙门楣上有句箴言——"认识你自己",苏格拉底将其作为自己哲学原则的宣言。认识自己是一件看似简单、实则困难的事情,很多人的无知与无畏源于对自我认识不清。"世界上没有两片相同的树叶",同样,世界上也没有完全相同的两个人,每个个体都是独一无二的,都是一个具体的人。每个人的外形、个性、喜好等各不相同,世界的多样性和丰富性正是源于个体的差异性。

个体的差异性与独特性要求生涯教育也具备差异性,更要求生涯教育提高针对性和实效性。从现实来看,个体的生涯规划和发展不是在真空中进行的,必须建立在个体的认识与能力基础上,且需要符合社会的现实和发展实际,达到个人发展与社会发展的和谐统一。面对不断变化的环境和发展形势,个体需要充分认识到社会对人才的需求状况,弄清自己的知识、能力、个性、特长等,以积极的心态应对社会的发展变化和个人的生涯发展,从个人的实际出发进行职业选择。认知自我是生涯教育的起点,是迈向职业生涯成功的第一步,同时,自我的认知又是一个循序渐进的过程,它在实践中被不断地修正、深化和完善。

马克思指出:"人的本质不是单个人所固有的抽象物,在其现实性上,它是一切社会关系的总和。"[①] 作为个体的

---

① 马克思,恩格斯.马克思恩格斯全集:第三卷[M].北京:人民出版社,1960:5.

人总是生活在一定的社会环境中，受到环境中各种因素的影响，因此，自我认知应该是全方位的，包括对自己身体状况的认知（如健康、相貌等）、对自己心理状况的认知（如性格、爱好、情感、意向等）、对自己社会关系的认知（如阶层、是否被人接受等）、对自己能力的认知（如个人的技能、学习能力等）、对自己价值观的认知（如个体对世界、人生的看法等）等。自我认知可以通过以下多种方法进行。

1）自我评价法

自我评价法是指个体通过生活中的行为方式和过往经验，观察和总结自身的知识水平、能力、智力、性格、兴趣、价值观等的方法。个体可以借鉴SWOT分析法对自己的优势、劣势和外部的机会、威胁等进行系统而全面的分析，并在此基础上进行职业定位与选择。自我评价法的结果可能主观性比较强，但对自身的了解，特别是对个人"隐藏"部分的认知，自我评价有着无可替代的作用。

2）他人评价法

对自我进行正确而全面的认知并非易事，个体对自我的评价有时过高，有时过低，因此仅靠自我评价法难以全面认识自我，还需要外在的评价作为补充。通过家人、同学、老师和朋友等人群的反馈，个体对自身的评价会更加全面和客观。他人评价往往代表着社会对一个人的态度与看法，是自我认知的重要参考内容。

3）对比分析法

个体通过将自己与其他人进行横向对比，查找自身的不足和优势，以正确认识自己在群体中的位置。

4）职业测评法

职业测评是心理测验在职业测验上的具体应用。常见的工具量表有艾森克人格问卷、MBTI 职业性格测试、自我价值取向表、爱德华个性偏好量表、霍兰德职业兴趣量表、霍兰德职业能力量表、认知方式测试以及创造性思维测试。个体在职业测评实践中需要综合运用以上几种方法，以帮助达到正确认知自我的目的。

2. 生涯环境分析

个体生涯的发展不是独立的活动，而是与社会发展紧密联系在一起的。因此，生涯教育必须分析环境对生涯发展的要求、影响及作用，并对各种影响因素加以衡量、评估，最终作出反应。

生涯环境分析，是个体认清所选职业在社会大环境中的发展状况、技术含量、社会地位，以及社会发展趋势对此职业的影响，包括职业的发展趋势等的行为。总的来说，生涯环境分析通常包括四个方面的内容：社会环境分析、行业环境分析、组织环境（校园环境、家庭环境、企业环境）分析及岗位环境分析。

从本质上而言，生涯环境是一个复杂的系统。部分职业生涯教育借鉴混沌理论中的蝴蝶效应分析生涯环境，将职业选择看作一个系统的复杂工程，认为职业发展的个人预期目标受到环境的变化、意外事件的发生、家庭的变故等复杂因素的影响而可能发生改变。个体在进行职业选择时应考虑各种可能的不确定因素，制定富有弹性的职业选择策略和替代方案。

生涯环境可以从地区、内容、时间等不同的维度进行分析。从地区上来讲，可以从职业的国际环境、国内环境和本地区环境等方面对生涯环境进行分析；从内容上来讲，可以从社会环境、行业环境、企业环境、校园环境、家庭环境、岗位环境等方面对其进行分析；从时间上来讲，可以从过去的历史、现状和未来的发展趋势等方面对其进行分析。同时，生涯环境分析也可以借助一定的科学方法和工具展开，如 SCP 分析、网络资源分析、参观实习、职业体验与角色扮演等方式。

生涯环境分析对个体生涯发展来说具有导向作用，它可以帮助个体进行科学分析和判断，保障生涯规划和发展的顺利开展。尤其对于职业生涯教育的开展来说，生涯环境分析更是必不可少，它可以帮助个体及时把握社会环境变化带来的机遇和挑战，找到或创造更为适宜的生涯发展平台，从而提升个体自我生涯的台阶，提高个体对职业的满意度。

3. 生涯目标确定

目标是行动的方向，有效的生涯设计需要切实可行的目标，以便帮助个体明确发展方向，排除不必要的干扰，全心致力于目标的实现。生涯目标是人生总体目标在职业领域的具体化，是个人在选定的职业领域要达到的具体目标。

生涯目标作为生涯教育的核心内容之一，具有阶段性、动态性和专向性等特征。

（1）阶段性表现为生涯目标的确定包括人生目标、长期目标、中期目标与短期目标的确定，它们分别与人生规划、长期规划、中期规划和短期规划相对应。

（2）动态性表现为社会发展是动态的、变化的，生涯发展目标也必然要为适应动态环境的变化和发展而适时调整，其动态性特征不言而喻。

（3）专向性表现为生涯目标必须指向一个特定的领域，并确立有针对性和可操作性的目标，这样才能避免目标设置不合理带来的风险。

生涯目标对于个体来说具有导向和指导作用。它能为个体生涯指明未来发展方向，使个体以此合理规划生涯的实现路径及时间；能及时评估并反馈个体行为效率，激励个体奋斗的热情和动力。同时，生涯目标还是个体开展生涯规划的重要依据。

生涯目标包括概念目标与行动目标、内职业生涯目标与外职业生涯目标、短期目标与长期目标。每种目标都具有表现功能与手段功能，个体需要积极地进行不同目标的组合，使职业生涯和谐发展，具体方式如下。

1) 目标分解

目标分解在现实环境和个体的美好愿望之间建立起可以拾级而上的路径。职业目标分解是根据观念、知识、能力差距，将职业生涯长期的远大目标分解为有时间规定的长、中、短期分目标，直至将目标分解为某确定日期可以采取的具体步骤的行为。因此，目标分解是将目标清晰化、具体化的过程，它可以将目标具象化成可操作的实施方案。

2) 科学分类

职业生涯规划分为外职业生涯规划和内职业生涯规划。与此相对应，外职业生涯目标包括：工作内容目标、职务目标、工作环境目标、经济收入目标、工作地点目标等。内职业生涯目标侧重于职业生涯过程中的知识和经验积累、观念与能力的提高以及内心感受，主要包括观念目标、掌握新知识目标、提高心理素质目标、工作能力目标、处理与其他人生活动关系的目标等。内职业生涯目标内化为个人的素质，是一个人内在的东西。在分解和组合职业生涯目标时，外职业生涯目标与内职业生涯目标的处理是同时进行的，其中内职业生涯目标是个体应该重点掌握的内容。

总的来说，个体生涯的每一步都应该紧紧围绕目标相互承接、互促互进。对于职业生涯教育来说更是如此，个体在生涯发展过程中只有根据确立好的目标，才可以明确规划出具体的发展路径和方式，以实现自我价值。

4. 生涯决策

生涯决策指个人在综合考虑各种条件的基础上，经过一系列活动以后，确定自己的职业目标，以及为实现目标而制定、优选个人行动方案的行为。生涯决策的内容主要包括以下几点：要有明确的职业目标；要结合自己的气质、性格、特长、兴趣和能力；要考虑所处环境，使得行动方案具有可执行性；要正确面对问题，采取解决问题的态度等。在这个竞争十分激烈的时代，变化和发展成为常态，职业选择和变化频率日益增长。个体找到和维持好工作的能力，成为生涯教育关注的焦点。这就需要科学、有效的生涯决策作为有力支撑。

生涯决策绝非一个即时的职业选择结果，而是一个非常复杂的动态循环决策过程。这一决策受个体的人格特征、职业兴趣、价值观以及教育背景、职业信息获取途径、独立程度、人际关系和家庭背景的影响。个体要作出一个较为明智的生涯决策，首先，需要培养和提高自身生涯决策的能力，其关键在于培养个体生涯决策的意识和态度；其次，需要关注和学会相应的决策方法，使决策更为理性、科学。生涯决策通常采用的方法有 5W（我是谁？我想干什么？我能干什么？环境支持或允许我干什么？我的职业与生活规划是什么？）法、SWOT 分析法、CASVE 循环法、生涯决策平衡单法等。

5. 生涯规划与管理

生涯规划是指一个人对自己要从事的职业、工作的组织、在生涯发展上要达到的目标作出的规划和设计，并为实现这一目标而积累知识和开发技能的过程。这个过程是个体在对自身的主客观条件、组织因素和社会因素等进行分析的基础上，根据自身的兴趣爱好、气质、个性和价值观，再结合时代特点而制定的。生涯管理是一种专门化的管理，即从组织角度对个体从事的职业进行的一系列计划、组织、领导等管理活动，以实现组织目标和个人发展的有机结合。

科学合理的生涯规划通常要经历认识自我、了解环境和职业、评估就业机会、确定目标和实施计划等阶段。生涯管理通常包含对个体生涯发展路径、生涯测评、培训和发展计划、知识技能更新方案、工作与家庭的关系、生涯咨询、退休计划等内容的关注和管理，是一个动态的过程，随着社会环境变化和个体、组织发展状况的变动而变化。

职业生涯教育对于生涯规划与管理的重视程度尤为突出，它关系到组织目标能否实现，个人生涯发展需求是否满足，以及个体生涯目标和组织发展目标的统一，对于组织人力资源结构优化和调整、组织成员满意度提高、个体潜能开发和自我价值实现都具有现实意义和重要价值。在不同的职业发展时期，个体需要确定不同的职业发展目标和定位。职业建立期，个体的职业内在目标侧重补充知识，迅速适应岗位要求。从业两三年之后，侧重点在于提高个体自己的专业技能，为目标岗位作准备。进入职业稳定期后，职业教育的侧重点为培养个体的通用技能，个体需要整合跨行业知识与技能。个体明确在各职业发展阶段的目标与任务，是作好职业生涯管理的第一步。

6. 生涯评估反馈与修正

现代社会发展迅速，变化是永恒的主题。大到国家政策的调整、完善，小到组织制度的调整和完善，都会对个体的生涯发展产生影响。个体生涯的发展也并非一成不变，个体需要主动适应个人现状和外部环境的变化，不断调整和修正生涯策略和目标，使生涯规划行之有效。

生涯评估反馈指的是个体在生涯发展过程中围绕规划目标，对自己的生涯进行及时有效的信息搜集和分析，不断地审视自我、审视内外环境的变化，评估生涯规划执行的情况和效果，并据此对原规划进行修正调整的一个过程。修正是指个体在实现生涯目标的过程中，根据实际情况自觉地总结经验和教训，修正对自我的认知和对最终生涯目标界定的行为。

生涯评估反馈的方法主要有自我评估、360度评估法、个人职业表现发展档案法和基于目标管理的评估法等。这些方法可以单独使用，也可以结合在一起综合使用。

(1) 自我评估主要是基于个体自我认知，从工作现状、工作关系现状和工作环境现状三个方面开展评估的方法。

(2) 360度评估法作为一种人力资源开发与管理的方法，又被称为"多评估者评估"或"多角度反馈系统"，是指通过收集与被评价者有密切工作关系的不同层面人员的评估信息，来全方位地评估和反馈被评价者的工作行为与表现的方法。

（3）个人职业表现发展档案法（personal performance development file，PPDF）是对个体生涯经历的一种连续性参考，指对个体基本情况、所取得的成就以及未来的发展需求和行动计划系统了解的一种方法。

（4）基于目标管理的评估法就是根据个体的生涯目标和实施情况，对个体的长期目标、中期目标、短期目标的实现情况开展评估反馈的方法。

生涯修正是指在完成生涯评估反馈后，通过对目标完成情况与目标设定的对比，判断实际效果与期望值的差距，找到没有达到设定目标的原因，进而纠正分阶段目标中出现的偏差的行为。

对于个体职业生涯来说，评估反馈和修正尤为重要，也是整个动态发展机制中最为关键的一个环节。这一环节的实施，可以帮助个体明确自我生涯发展的状态，并明晰未来生涯发展的方向和路径。个体在职业环境中，获得对职业最直接的体验，能够充分考察每个职业的属性和价值，在此基础上，对比各个职业的总体价值，评估自己的决策并进行修正，最后选择最高价值的职业生涯道路。这是一个不断螺旋上升的过程。

（二）发展伙伴协作关系

社会是由无数个体组成的，个体无法脱离社会而存在。

个体作为社会的重要组成部分，其发展一方面受制于社会的发展背景，另一方面也受制于个体的有限认知和能力水平。个体在社会中可以借助其他群体或个人的力量，实现个体的发展。通俗地说，个体应该有意识地与周围的人（特别是志同道合者）建立一种协作伙伴关系。行为主体之间形成的社会关系协作网络，能够扩展个体所接触的资源，从而使个体获得更多有价值的信息或资源。法国学者布迪厄最早提出了"社会资本""场域"等概念。社会资本是指个人在一种组织结构中，利用自己的特殊位置而获取利益的能力。个体通过与家人、亲戚、朋友等人交往形成一张"关系网"，并从其中获益。布迪厄认为，人总是生活在不同的场域之中，社会成员和社会团体因占有不同的位置而获得不同的社会资源和权利，个体所占据的社会资源和权利的多少、高低则体现了个体拥有社会资本的多寡。社会资本对个体发展具有重要促进作用，发展伙伴协作关系有助于个体职业生涯发展。处于一个共同体中的各个单位，通过协作交往形成了合作、互利的认同关系，有利于彼此的生涯发展。个体积极参与社会活动，在活动过程中可以获得职业发展信息，生活互助的体验以及丰富情感和生活的社会资本。

所谓协作，是指在目标实施过程中，部门与部门之间，个人与个人之间的协调与配合。协作是一种多方面、广泛的合作关系，包括资源、技术、信息等各方面。个体通过协作可以把个人的力量联结成集体的力量，实现预期目的。协作能创造出一种比数个战略业务单元收益简单叠加更大的收益，即实现协同效应。协作的优点是可以使个体充分有效地利用组织资源，便于集中力量在短时间内完成个体难以完成的任务。对于处于职业生涯不同时期的个体而言，其伙伴协作方式也存在差异，具体表现如下。

1. 职业建立期：协作奠定基石

对于职场"菜鸟"而言，新职业使其面临的是全新的工作环境、陌生的人际关系和生疏的实践技能。快速掌握该职业所需的技能需要个体有较强的协作能力。简言之，就是个体通过加强与组织的交往，让伙伴和机构、团体组织更多地了解自己，从而快速融入职业团体中，平稳度过职业"蘑菇期"[1]，为个体今后的发展奠定基础。同时，职业新人也能在协作交往中汲取生涯发展的经验和实践知识。此外，个体还能借此与上司和同事形成良好的支持关系，取长补短，增强自我安全感，建立良性职业循环模式，与其他个体共同营造良好的工作环境。

2. 职业稳定期：协作推进发展

处于职业稳定期的成熟人士通常有着丰富的社会资源和经验，这为其职业上升奠定了扎实的基础。但在各类知识日新月异的今天，个体若想通过原有经验坐享其成，势必会被

---

[1] 戴孝悌，陈红英.职场新人如何快速走出"蘑菇期"[J].沿海企业与科技，2005（12）：193-198.

社会淘汰。所谓"长江后浪推前浪",经验和阅历抵挡不住知识的更新和体能的衰退,对"后起之秀"保持开放的心态和包容的学习意识,整合各类资源,达到协同共进的目标,更有助于改善个体的生涯发展状况。

这一时期的个体可以通过多种方式实现个体间的生涯互动,以实现双赢和多赢,如导师计划的实施。导师是指组织中富有经验的、生产率较高的员工,他们担负指导和培养经验不足员工的责任。在大多数情况下,指导关系都是因为指导者和被指导者具有共同的兴趣或价值观而以一种非正式的形式形成的。当然,还有一些组织外的资源也可以承担对个体的部分指导工作,如职业咨询顾问、朋友、家庭成员等。但他们没有义务承担组织当中的工作,因此也就不属于组织职业生涯规划的范畴。导师计划大致有以下三种。

1) 新员工导师计划

建立新员工导师计划的初衷是充分利用公司内部优秀员工的先进技能和经验,帮助新员工尽快提高业务技能以适应工作岗位的要求。新员工导师计划发展到今天,导师的辅导范围已经从专业技术扩展到管理技巧甚至一些个人问题。

2) 骨干员工导师计划

随着公司的不断发展,新员工的导师基本上成为公司的骨干员工,公司在对骨干员工进行调查时发现,这些员工希望在工作中也有导师辅导他们,于是部分用人单位便开始推行骨干员工导师计划,由组织的中高层管理者担任骨干员工的导师。

3) 全员导师计划

导师计划在职业生涯规划与发展中的作用越来越明显，被辅导者能够提升技能，而辅导者能够提升管理能力和领导力。因此，部分用人单位推行全员导师计划，使得辅导成为员工日常工作中的一部分。

(三) 充分利用各种资源和信息手段

个体职业生涯的发展不是一个独立的、真空的过程，而是一个系统的、交互作用的过程。在这一过程中，个体除了需要发挥自身的主体性，更需要运用多种手段获取各种资源和信息，以确保个体职业生涯发展的顺利进行，具体方式有以下四种。

（1）多种途径收集职业信息，提高对职业生涯的认识和理解。通常来说，职业信息包括就业政策、就业形势和趋势、职业发展动态、职业发展需求等内容。随着互联网的发展，除了如校园招聘等传统的就职渠道，职业信息的来源更加多元化，众多专门的求职网站（如前程无忧、58同城、百姓网等）应运而生，这些网站提供了众多企业的招聘信息，个体借助网络、媒体和其他媒介能很便捷地接触和收集此类信息，并通过对这些信息的分类汇总和分析，宏观把握职业动态。同时，个人将简历上传至相关网站后，甚至会有"猎头"主动与求职者联系，提供面试和工作机会。

（2）借助专业学会或行业协会等组织的力量，提高个体的生涯敏感度。专业学会或行业协会通常是由本行业的专业人员组成的、具有公益性和学术性的社会团体。这类组织和团体通过实时观察分析本行业的发展现状、发展趋势等，对行业发展有着较为精准、权威的判断，这些判断对个体职业发展意义重大。

（3）通过实习或参观等方式获取职业生涯发展机会。实习或参观作为了解一种职业或行业的有效途径，对个体职业生涯发展的意义重大。当前，不少学校注重加强与企业的合作，为学生特别是即将毕业的大学生提供实习和参观机会，让学生在对该职业的直接体验中，通过与行业人员的接触交流，迅速、直观地了解行业本身和行业发展动态，从而更好地体验自身与行业的契合度。因此，实习与参观机会能为个体未来的职业生涯发展奠定基础并指明方向。

（4）开展生涯人物访谈，获得深入了解职业的机会。个体可以有意识地接触自己感兴趣职业的从业人员，并对其进行采访以获取职业信息。与相关人员面对面交流的目的是收集整理职业生涯决策所需要的各类信息。访谈不但可以检验和印证以前通过其他渠道获得的生涯人物信息，还能帮助个体了解到一些通过大众传媒和出版物不易获得的信息，如潜在的入职标准、核心素质要求、晋升路径、榜样人物的内心感受等。这些信息便于个体更加清楚地定位职业角色以及发现未来职业发展的切入点，制定更加合理的学习、生活和实习计划。

  在获得所需要的职业生涯信息以后，个体需要对所有获取到的职业信息进行评估，筛选出真实可靠与有用的。职业信息的标准一般从以下几个方面考虑：一是信息的时效性。在当今快速变化的世界中，个体要寻找的相关职业信息必须是最新的信息。二是信息的客观性和全面性。个体要从用人单位和职场经验人士等多角度对比分析职业信息。三是信息的准确性和可靠性。对处于信息爆炸时代的个体来说，如何判定信息的准确性非常重要，个体要分析职业信息的来源，确认信息的权威性。

第七章
焕发新生：新时代中国式职业生涯教育

一、构建适合我国国情的新时代职业生涯教育模式

党的二十届三中全会对进一步全面深化改革、推进中国式现代化作出部署，强调中国式现代化在全面深化改革中不断推进，也必将在全面深化改革中开辟广阔前景。在新一轮科技革命和产业变革的浪潮中，世界正经历着前所未有的深刻变革。这一变革不仅重塑了国际竞争格局，更深刻地影响着每一个国家的未来发展路径，以及每个人的生活、学习与思维方式。

习近平总书记指出，教育的根本任务是立德树人，国家要培养德智体美劳全面发展的社会主义建设者和接班人。党的二十届三中全会提出"教育、科技、人才是中国式现代化的基础性、战略性支撑"，并对深化教育综合改革作出战略部署。新征程上，要牢牢把握培养什么人、怎样培养人、为谁培养人这个教育的根本问题，落实立德树人根本任务，不断深化教育综合改革，努力办好人民满意的教育，为强国建设、民族复兴伟业提供人才支撑。

这一时代背景下，大学生生涯发展与教育的融合被赋予了新的内涵与使命，尤其当它们融入中国式现代化的宏伟蓝图时，更显得意义非凡。生涯教育作为连接教育与社会需求的桥梁，其重要性日益凸显。它不仅关乎个体的成长与发展，更关系到国家人才战略的实施和经济社会发展的长远布

局。生涯教育被赋予了引导个体将个人理想与国家需求相结合的重要使命。加强职业生涯教育可以帮助青少年学生更早地认识自我、了解社会、规划未来，明确自己的职业方向和发展目标。生涯教育还能有效激发学生的爱国情怀和社会责任感，引导他们将个人的职业选择与国家的战略需求相结合，到祖国最需要的地方去建功立业，进而实现"育人育才"的根本目标。

由于我国生涯教育的理论研究和实践起步都较晚，在构建新时代生涯教育的时候，相关人士需要注重将"借鉴移植性研究"与"中国式建构研究"结合起来，将国际经验与国内实践相结合，在此基础上构建适合我国国情的新时代生涯教育模式。

二、以新理念直面新时代职业生涯教育的挑战

在当前落实立德树人根本任务、全面发展素质教育的大背景下，加强生涯教育具有重要的战略意义。生涯教育既是培养对国家、对社会、对民族真正有用人才的需要，又是促进个体终身发展、全面发展、个性发展的需要，也是保障育人方式转变和新高考改革顺利推进的需要，更是应对百年未有之大变局和全球产业竞争的需要[1]。

---

[1] 索桂芳.生涯教育的国家行动：国际经验及我国战略应对[J].西北师大学报（社会科学版），2024，61(03)：72-81.

人的生涯发展，究其实质是人的长期可持续发展，是全面、协调的发展。生涯教育的起点和主要抓手在高校，通过传授知识、开发智力、培养能力来着眼于人的终身发展和不断教育[1]。经过近二十年的发展，国内高校生涯教育已经基本普及，但是仍然存在生涯教育中国化理论体系缺乏、过于依赖西方工具及理论等不足，就业育人体系和生涯教育模式还有巨大的发展空间，教育设计者迫切需要以新理念、新方法来推进新时代中国化的生涯教育。

（一）适应本土文化与社会需求

1. 生涯教育需要满足人才需求

习近平总书记指出，培养什么人、怎样培养人、为谁培养人是教育的根本问题。新时代中国式生涯教育需要更加精准地对接国家和社会的人才需求，培养出既具有国际视野又深深扎根于中国大地的人才。

2. 生涯教育需要与中国传统文化契合

中国有着独特的文化传统和社会背景，如注重家族观念、社会和谐及个人社会责任等。新时代中国式生涯教育需要更好地融合这些文化元素，使教育内容与学生的文化背景相契合，从而增强教育的有效性和吸引力。

---

[1] 易玉梅,彭志明.生涯发展教育：一种系统完整的教育构想[J].求索,2010,(06)：175-176.

3. 生涯教育需要注意价值观的引导

随着社会的多元化和信息化发展，大学生的职业价值观也呈现出多元化、个性化的特点。新时代中国式生涯教育应该注重用社会主义核心价值观领航，引导大学生树立正确的职业理想和职业道德，注重个人价值与社会价值的统一，将个人发展与国家发展战略相结合。

（二）提升国内教育与教学实效

教育部在 2018 年召开改革开放 40 年来首次全国高等学校本科教育工作会议，发布《关于加快建设高水平本科教育 全面提高人才培养能力的意见》，提出了坚持"以本为本"，推进"四个回归"，加快建设高水平本科教育，建设中国特色、世界水平的一流本科教育。"以本为本"是指本科教育是大学的根和本，"四个回归"是指高等教育和人才培养质量要"回归常识、回归本分、回归初心、回归梦想"。高校职业生涯教育发展至今，尽管取得了丰硕成果，但仍然存在学生参与度不高、教学内容脱离实际、教学效果欠佳等问题。新时代中国式的生涯教育，应该加强针对性，能结合不同地区的产业结构、经济发展水平及新兴行业的特点，为学生提供前瞻式的职业指导。通过中国化的教学内容和实践活动，学生可以更加直观地了解本地市场和行业现状，增强对职业的认知和体验，从而提高生涯规划的实用性和可操作性。

(三) 培养社会责任与综合素质

在新时代背景下，国家的发展战略对人才的需求也提出了新的要求。党的二十大精神提倡激发劳动者的积极性、主动性，培养社会主义接班人。将党的二十大精神融入职业生涯教育，有助于引导学生将个人发展与国家发展战略相结合，培养一批具有国家意识、担当精神的高素质人才。新时代中国式生涯教育应该注重培养学生的社会责任感，使他们在职业选择和生涯规划时能够考虑到家庭、社会和国家的需要，从而成为有担当、有情怀的人才。同时还要全面提升学生的职业素养、创新能力、团队协作能力等综合能力，为其未来的职业发展打下坚实的基础。

三、打造新时代中国式职业生涯教育理论体系

中国式现代化与中国式生涯教育之间存在紧密的联系。中国式现代化是人口规模巨大的、全体人民共同富裕的、物质文明和精神文明相协调的、人与自然和谐共生的、走和平发展道路的现代化，而生涯教育在这一过程中扮演着重要角色。

生涯教育作为人力资源开发的重要方式，对于培养多样化人才、传承职业技能以及促进就业创业具有关键作用。在中国式现代化的推进过程中，生涯教育需要不断适应和满足人民日益增长的多元教育需求，特别是职业技能提升和职业发展路径的拓宽。这要求生涯教育体系具备灵活性、多样性

和创新性,以更好地服务经济社会发展和人的全面发展。为不同群体提供多样化的职业生涯教育与培训有助于培养高素质的人才,为经济社会发展提供有力的人才支撑。此外,生涯教育还承载着引导学生树立正确的职业观念和价值观的重要使命,它能帮助学生了解社会需求和职业发展趋势,合理规划自己的职业发展路径,提升自身综合素质和职业能力,从而更好地适应社会发展的需要。

中国式现代化与生涯教育是相互促进、相辅相成的。加强生涯教育,可以更好地服务中国式现代化的推进过程,为实现中华民族伟大复兴的中国梦贡献力量。

(一) 价值内核

新时代中国式生涯教育理论体系是指在中国特定文化、社会和经济背景下构建的一套适合中国学生发展的生涯教育理论体系。这一体系旨在帮助学生更好地认识自我、了解社会、规划未来,实现个人价值与社会发展的有机结合。构建新时代中国式生涯教育理论体系能够更好地贴合国家发展和人才需求,培养出既具有国际视野,又深深扎根于中国大地的人才。

生涯教育是终身教育实现的有效途径,和其他的教育目标并没有任何的冲突。生涯教育是贯穿人一生的教育,在哲学层面上,帮助人理性树立发展观、人生观、价值观、社会观和伦理观;在理论层面上,指导人建立适合个人特点的完善的知识、能力体系；在技术层面上，教人如何学习知识、利用知识，如何做事、如何做人，以及如何学会适应生活的技巧等。总之，生涯教育的主要目标是使人与将来的职业有机结合，并与其他教育相辅相成，共同促进个体的终身发展。

（二）构建原则

当前我国生涯教育存在与学校教育、社会需求、个体的发展和自我价值追寻结合不紧密等诸多困境，使得我国生涯教育在理论研究和实践创新方面困难重重。因此，从理论研究入手可以从本源上厘清我国生涯教育的理念，进而引领和指导生涯教育实践的开展。

构建符合我国国情的生涯教育理论体系，需坚持以下几个基本原则。

1. 全民性

生涯教育不单单是对即将就业和正在就业的个体进行指导和帮助，还应面向不同群体，并根据他们的不同发展需求开展形式与内容各异的生涯教育。

2. 全程性

生涯教育不是某一阶段的独立教育形式，而是涵盖人生各个阶段，始终贯穿人的发展过程的教育途径和方式，生涯教育的开展要贯穿国民教育体系的始终。

3. 紧密结合社会现实

生涯教育的开展不能在真空中进行，而应该与社会发展状况、组织自身特点、个体发展需求等方面紧密联系。个体的生涯发展从某个角度上讲就是人社会化与个性化的统一①。

(三) 基本特点

新时代中国式生涯教育理论体系要坚持马克思主义指导，成为中国教育体系的重要组成部分，通过这一体系，每个学生都能找到自己的方向，实现个人价值与社会发展的有机统一，从而使生涯教育为中华民族的伟大复兴培养出更多优秀的人才。

我国与西方国家在社会制度、文化传统等方面存在着本质的不同，生涯教育理论的构建绝不可采取"拿来主义"，照抄照搬。新时代中国式生涯教育理论体系强调在教育中融入中华优秀传统文化中的职业精神和价值观念，如勤劳、敬业、创新等，以培养学生的文化自觉和民族自信。要将思想政治教育与生涯教育有机结合，确保人才培养的方向和人才的道德意识与觉悟，防止人才"西化"，引导学生在追求个人职业发展的同时，关注国家和社会的发展，培养学生的社会责任感和使命感。同时还要充分考虑中国经济发展的阶段性和区域不平衡性，针对不同地区、不同发展阶段的学生提供有针对性的指导，确保生涯教育的实用性和有效性。

---

① 易玉梅,彭志明.生涯发展教育：一种系统完整的教育构想[J].求索,2010(6)：175-176.

四、"多方联动"全面引领职业生涯教育未来

新时代中国式生涯教育的制度建设是确保生涯教育在中国特定文化和社会背景下有效实施的关键。生涯教育制度化的意义在于促进学生全面发展、提高生涯教育质量和推动社会进步,而实现这一目标的关键在于政策支持、课程体系建设、师资队伍建设、家校合作以及社会参与等多个方面的共同努力。生涯教育制度化可以从以下几方面开展。

(一)建立规范有效的课程管理机制

课程设置与教材开发情况是评价生涯教育中国化发展水平的重要指标。高校应开设专门的生涯教育课程,结合相关学科内容,有效建设并实施课程教育教学,其中教材建设是新时代中国式生涯教育的核心之一。高校应集合各方力量,加快生涯规划课程的教材建设,确保教材内容符合中国国情和学生的实际需求。同时,总结本校学生的特点,收集实际案例,开发适合本校学生的中国化教材。

新时代中国式生涯教育需要规范教学管理过程,建立严格的教学检查制度,实施规范化管理,定期检查教学秩序和教学效果。此外,教育主体还需对生涯教育课程进行必要的考试或考核,以促进教学质量的提高。同时,建立健全评估考核机制,对生涯教育教师的教学工作进行评估考核,确保教学质量和效果。

(二) 建立专兼结合的师资队伍培养机制

新时代中国式生涯教育需要配备以专职为主、兼职为辅的职业规划教师团队。当前，许多高校让从事心理学或思想政治教育的老师，如辅导员兼职担任大学生生涯教育教师，从贴近学生、服务学生的角度，这种师资配置方式固然有其优势，但从教育教学的专业性看，高校还应逐渐增加专职教师的比例，以确保教学的高质量和连续性。

对于这支专兼结合的师资队伍，高校要给予经费支持和定期投入，开展不同程度、形式多样的教师培训与发展活动，提高他们的专业素养和教学能力，如通过定期组织培训、研讨会等活动，促进校内外导师、专兼职教师之间的交流和学习。

(三) 建立高质量的生涯活动参与机制

高校生涯活动普遍存在学生参与度不高、辐射面不广，生涯活动与指导学生实际就业效果不明显等方面的问题，因此，高校需要广泛组织开展形式多样、内容丰富的生涯教育活动，提高生涯教育第二课堂的质量，如从专业出发，对接行业并开展职业体验活动，举办"行、企、职"分门别类的模拟招聘会、职业规划讲座等，从而帮助学生更好地了解职业世界，增强职业规划意识。

高校还要加强生涯活动的社会参与性，鼓励学生积极参与社会实践活动，如实习、志愿服务等。通过实践体验活动,学生可以更深入地了解职业环境和要求,为未来的职业发展作好准备。

(四)建立生涯成长的评估反馈机制

教育主体应保持对学生成长的持续记录和动态评估,根据学段特点,结合学生成长记录册、综合素质评价写实记录等,为学生建立持续的成长档案。这些档案可以记录学生的成长历程、兴趣爱好、职业倾向等信息,为生涯规划提供参考。

此外,教育主体还可以开展专业的心理测评与职业指导,借助职业测评工具,正确使用心理测评等专业手段,为学生生涯发展和生涯规划提供科学指导。通过职业心理测评,学生可以更全面地了解自己的性格、兴趣和能力特点,从而作出更合理的职业选择。

(五)打造"家校共育"的协同育人机制

党的二十大报告指出,要坚持为党育人、为国育才,健全学校、家庭、社会育人机制。家庭教育在学生生涯发展中具有重要的作用。高校应将生涯教育融入家校共育中,指导家长了解生涯教育的理念与方法,通过家长会、家校联系等方式,向家长传递生涯教育的重要性和方法,引导家长尊重学生的个性特长、成长规律和发展需求。此外,高校应与家庭联动,科学开展生涯指导,发挥生涯教育的家校合力。高校可以邀请家长参与生涯规划活动、讲座等,增强家长对生涯教育的认识和支持力度。

综上所述，新时代中国式生涯教育的制度建设需要从课程管理、师资队伍建设、生涯教育活动组织、学生成长动态评估以及家校共育机制等多个方面入手，确保生涯教育在中国特定文化和社会背景下有效实施并取得良好效果。

育才造士，为国之本。新时代中国式生涯教育体系既要做到"启智润心"，又要做到"培根铸魂"。其关键在于在新时代中国式生涯教育理论体系指导下实现各方面相互支持、通力合作。在政策支持层面，政府需要出台相关的政策法规，为生涯教育提供保障和引导；在教育内容方面，要力求融入中国的国情和文化元素，开发适合本土的教材和课程；在师资队伍建设方面，要培养一批既懂专业知识，又了解中国国情的生涯教育教师；在整合社会资源方面，要加强高校与企业、行业、政府、家庭的合作，为学生提供更多职业体验和社会实践机会。总体而言，要实现生涯教育与思政教育，生涯教育与专业教育，生涯教育与就业市场，生涯教育与中华优秀传统文化有机结合，增加新时代大学生的获得感、幸福感、使命感，开创我国高等教育事业发展新局面。

主要参考文献

英文文献

[1] BANDURA A. Social cognitive theory: an agentic perspective [J]. Annual review of psychology, 2001, 52(1): 1-26.

[2] HOOLEY T. A practical guide to career learning and development: innovation in careers education[J]. British journal of guidance & counselling. 2015, 43(2): 241-243.

[3] LEE P L, PANG V. Motivational factors in continuing education an academic achievement of adult learners [J]. Malaysian Journal of learning and instruction, 2013, (10): 57-77.

[4] MARSHALL A E, BUTLER K. School-to-work transitions in emerging adulthood [M]// ARNETT J J. The Oxford handbook of emerging adulthood. Oxford: Oxford University Press, 2015: 316-333.

[5] Organization for Economic Co-operation and Development. OECD employment outlook[M]. Paris: OECD Publishing, 2015: 07.

[6] PASTORE F. The youth experience gap: explaining national differences in the school-to-work transition[J]. Scuola democratica,2015,3:756-758.

[7] RAINBIRD H, LEESON E, MUNRO A. Is regulation good for skill development? Mediating actors and workplace practice in adult social care in England[J]. The international journal of human resource management,2011,22(18):3727-3741.

[8] RAINBIRD H. Skilling the unskilled: access to work-based learning and the lifelong learning agenda[J]. Journal of education and work,2000,13(2):183-197.

[9] ROSE H, DAICHES A, POTIER J. Meaning of social inclusion to young people not in employment, education or training[J]. Journal of community & applied social psychology. 2012,22(3):256-268.

[10] RUSSELL L, SIMMONS R, THOMPSON R. Ordinary lives: an ethnographic study of young people attending entry to employment programmes[J]. Journal of education and work,2011,24(5):477-499.

[11] RUSSELL L, SIMMONS R, THOMPSON R. Playing the numbers game: Connexions personal advisers working with learners on entry to employment programmes[J]. Journal of vocational education and training,2010,62(1):1-12.

[12] SIZOO S, ARGUSA J F, ISKAT W. Measuring and developing the learning strategies of adult career and vocational education

students[J]. Education, 2005, 125(4): 527-538.

[13] SYMONDS J E, O'SULLIVAN C. Educating young adults to be work–ready in Ireland and the United Kingdom: a review of programmes and outcomes[J]. Review of education, 2017, 5(3): 229-263.

[14] WEBSTER J R, ADAMS G A, BEEHR T A. Core work evaluation: the viability of a higher-order work attitude construct[J]. Journal of vocational behavior. 2014, 85(01): 27-38.

[15] WOLF T J, O'NEILL K. Development and pilot-testing of a work readiness assessment battery[J]. Work. 2010, 36(4): 423-430.

中文文献

[16] 白艳莉.无边界职业生涯时代的职业生涯管理[J].中国人力资源开发,2007(04): 4-8.

[17] 蔡莉萍.生涯教育理念下成人职业意识的教育[J].甘肃科技纵横,2013(02): 97-99.

[18] 曹蓉.论知识经济时代对职业生涯管理的意义[J].人文杂志,2001(05): 164-168.

[19] 陈龙春.大学生职业生涯规划与发展[M].杭州:浙江人民出版社,2015.

[20] 陈梦薇,刘俊芳,李晓萍.生涯规划与职业发展[M].南京:东南大学出版社,2015.

[21] 陈妮.国内外职业生涯管理研究综述[J].中国国际财经(中英文),2017(20):247-249.

[22] 陈炜煜.MOOC为继续教育战略转型带来的新契机[J].成人教育,2015(02):9-12.

[23] 陈禹.人力资源开发背景下美国高校职业生涯教育研究[D].长春:东北师范大学,2011.

[24] 大学生职业生涯规划教材编写组.大学生职业生涯规划[M].上海:上海交通大学出版社,2011.

[25] 樊富珉,陈启芳.香港高校学生辅导[M].北京:清华大学出版社,2001.

[26] 方苏.职业生涯规划教育对提高大学生创新能力的影响[J].开封教育学院学报,2015(04):185-186.

[27] 方伟.论社会主义核心价值体系与大学生职业生涯教育的融合[J].国家教育行政学院学报,2012(12):57-62.

[28] 房欲飞.大学生职业生涯教育存在的问题和对策建议:基于实证调研的分析[J].现代大学教育,2013(04):104-110.

[29] 冯大奎.生涯发展导论[M].北京:新华出版社,2012.

[30] 冯国锋.生涯教育是以职业为核心的综合性的终身教育[J].教育与职业,2012(06):176-178.

[31] 高文书.终身学习视角下的中国继续教育现实需求分析[J].继续教育研究 2009(05):1-4.

[32] 高志敏.关于终身教育、终身学习与学习化社会理念的思考[J].教育研究,2003(03):79-85.

[33] 谷峪.日本的职业生涯教育及其启示[J].职业技术教育(教科

版),2006(10):81-84.

[34] 顾雪英.大学生职业指导[M].北京:人民教育出版社,2005.

[35] 郭亮.对大学生职业生涯教育的再思考:基于"人本导向"的视角[J].教育探索,2014(08):137-139.

[36] 郭文臣,孙琦.个人—组织职业生涯管理契合:概念、结构和动态模型[J].管理评论,2014(09):170-179.

[37] 郝克明,张力.继续教育发展战略研究[J].教育研究,2010(7):31-38.

[38] 何晓丽,王建虹.职业生涯教育与管理[M].宁夏:宁夏人民出版社,2012.

[39] 胡祥卫,邹广安,滕文祥,等.大学生职业生涯规划[M].北京:北京理工大学出版社,2014.

[40] 黄济.人的主体性与主体性教育[J].湖南师范大学教育科学学报,2002(01):7-11.

[41] 黄天中.生涯规划:理论与实践[M].北京:高等教育出版社,2007.

[42] 霍或.现代职业人:认识职场篇[M].苏州:苏州大学出版社,2016.

[43] 贾红秋.终身生涯发展观:大学生职业生涯教育的缺失与回归[J].继续教育研究,2015(09):26-29.

[44] 孔庆蓉,孙夏兰,杨玉莉.心理健康新观念[M].北京:中央编译出版社,2016.

[45] 朗格朗.终身教育引论[M].滕星,滕复,王箭,译.北京:华夏出版社,1988.

[46] 李海燕.大学生职业生涯规划[M].广东：中山大学出版社，2012.

[47] 李鹏林.大学生职业生涯规划与就业指导[M].北京：中国农业大学出版社，2015.

[48] 李青,翁克山.继续教育背景下的协作式泛在学习架构构建研究[J].电化教育研究,2016(01)：91-96.

[49] 李如林,章红.大学生职业生涯教育的实现路径研究：基于本科生导师制的视角[J].赤峰学院学报(自然科学版),2012(02)：238-239.

[50] 李胜聪,于莎.成人终身学习能力建构的实证研究[J].现代远程教育研究,2015(03)：72-81.

[51] 李英娟.当前企业职业生涯管理实践状况及对策研究[D].北京：首都经济贸易大学,2004.

[52] 林明灯,马一鸥.MOOC时代继续教育的机遇、挑战与发展策略[J].成人教育,2016(02)：10-14.

[53] 林学军,郑慧娟.当代大学生职业生涯规划与管理[M].2版.广州：暨南大学出版社,2014.

[54] 凌文辁,欧明臣.企业员工自我职业生涯管理与组织职业生涯管理初探[J].广州大学学报(社会科学版),2010(04)：38-45.

[55] 刘翠英.职业生涯设计与就业创业指导[M].北京：机械工业出版社,2010.

[56] 刘华,郭兆明.生涯教育：基础教育课程改革不可或缺的支点[J].教育发展研究 2013(20)：06-11.

[57] 刘瑞颜.新高考背景下高中生生涯教育的意义及途径[J].教育

科学论坛,2018(01):13-15.

[58] 刘善仕,王雁飞.人力资源管理[M].北京:机械工业出版社,2016.

[59] 卢峰.高中生职业指导社会支持系统的初步研究[D].南京:南京师范大学,2004.

[60] 马鸣悦,李珍.职业生涯管理理论及其发展趋势[J].青少年学刊,2017(01):57-61.

[61] 马庆发.当代职业教育新论[M].上海:上海教育出版社,2002.

[62] 麦清,曹瑞,赵丽霞,等.生涯教育、学生发展指导制度的概念分析及其发展状况[J].天津市教科院学报,2016(06):71-73.

[63] 邱美华,董华欣.生涯发展与辅导[M].台北:心理出版社,1997.

[64] 申仁洪.高中新课程的生涯发展特性[J].课程.教材.教法,2007(06):31-36.

[65] 申万兵,谢芳琳,李华生.美国高校生涯辅导的特点与启示[J].职业教育研究,2007(08):175-176.

[66] 沈之菲.生涯心理辅导[M].上海:上海教育出版社,2000.

[67] 陶倍帆.澳大利亚职业生涯教育研究[D].上海:华东师范大学,2014.

[68] 陶建宏.人力资源管理理论与实务[M].北京:中国经济出版社,2016.

[69] 田潇.日本职业生涯教育研究[D].天津:天津大学,2012.

[70] 童莉莉,李小文.ST螺旋型模式:全过程评估理念对继续教育的效果促进研究[J].中国电化教育,2015(02):123-128.

[71] 王国辉.日本大学从就业指导向职业生涯教育转型探析[J].教

育科学,2009(06):82-88.

[72] 王建.继续教育发展的战略转型与推进策略[J].教育研究,2013(09):95-101.

[73] 王俊,王七萍.职业生涯规划[M].南京:东南大学出版社,2016.

[74] 王倩倩.我国企业早期职业生涯管理初探[D].济南:山东大学,2005.

[75] 王强.大学学业生涯教育与职业生涯教育的衔接问题探究[J].继续教育研究,2015(02):76-77.

[76] 王一凡.基于职业生涯发展视角中的终身学习[J].西北成人教育学报,2007(09):11-13.

[77] 王一敏.当代青年的职业选择与指导[M].上海:上海教育出版社,1998.

[78] 王占仁.英国高校职业生涯教育之启示[J].教育研究,2012(07):134-138.

[79] 吴薇.生涯发展理念下大学生就业指导服务体系的构建[D].上海:华东师范大学,2005.

[80] 吴雪萍,项晓勤.英国继续教育改革探析[J].比较教育研究,2008(05):77-81.

[81] 先桁,项凯标,刘锐剑,等.职业生涯规划管理与实务[M].贵阳:贵州大学出版社,2014.

[82] 徐玲.21世纪我国继续教育政策的价值取向分析[J].成人教育,2016(11):14-17.

[83] 许友根.大学生生涯教育的设计与实施生涯教育[J].教育与职业,2004(15):25-27.

[84] 易玉梅.主体性就业指导与职业生涯规划[J].湖南师范大学教育科学学报,2010(01):95-97.

[85] 于红梅.学习型社会构建与继续教育的发展和创新[J].吉林工程技术师范学院学报,2011(01):1-3.

[86] 翟盈.我国高校大学生职业生涯规划教育服务机制研究[D].大连:大连海事大学,2014.

[87] 张翠,陈遇春.试析职业生涯教育的核心观及相关概念[J].继续教育研究,2012(10):106-108.

[88] 张海燕.大学生职业辅导[M].上海:华东理工大学出版社,2002.

[89] 张小凤.一辈子的事:生涯规划与潜能开发[M].台北:自立晚报社,1989.

[90] 张再生.职业生涯管理[M].北京:经济管理出版社,2002.

[91] 赵伟,张志欣.中小学职业生涯教育:来自丹麦的经验[J].现代中小学教育,2015(1):1-20.

[92] 周雪惠.论生涯教育思想与我国高校生涯教育建设[D].成都:四川师范大学,2005.

[93] 朱凌云.中小学生涯教育理论与方法[M].北京:北京师范大学出版社,2015.

[94] 朱启臻.职业指导理论与方法[M].北京:人民教育出版社,1996.

[95] 朱仲敏.教育转型背景下普通高中生涯教育内容设计与实施路径研究[J].教育发展研究,2017(06):77-82.

附 录

附录

高校毕业生"慢就业"现象的根源与破解路径研究项目开展情况介绍

一、研究背景

党的二十大报告提出实施就业优先战略。高校毕业生是就业工作面向的重点人群。"慢就业"选择不仅影响了个体职业生涯的正常发展，也会影响社会资源的再分配，给学校、社会就业促进工作带来极大压力。在此背景下，以部分上海高校为样本，厘清高校毕业生"慢就业"现状，探寻"慢就业"群体差异及现象产生的根源，进而提出有效对策引导、鼓励大学生制定合理的个人发展规划，这具有重要意义。

本项目获得 2022—2023 年度上海市教育委员会高校毕业生就业专题研究项目立项。本书第四章中的数据来源于本项目。

二、研究结论

（一）"慢就业"毕业生现状差异较大

研究型高校毕业生的"慢就业"总体上是积极和主动型

的。应用型高校毕业生"慢就业"主要是以升学考研、考公、考编和考证书为主,少部分同学暂无计划,选择待业。项目组从现实状态、收入水平、满意度三个方面设置指标对应用型高校毕业生进行调查。结果发现,约30%的"慢就业"毕业生陆续走上了正式的工作岗位,其余毕业生仍然坚持再次考研、脱产考公或考编;约30%的毕业生尚无收入,小部分毕业生收入小于3 000元;超过一半的毕业生对现状的满意度"一般"。

"慢就业"毕业生群体的求职时间呈现两极分化状况,即"尚未就业"和"3个月以内就业"的人群比重较大。超过半年甚至1年就业的较少。原因可能在于,调研高校大多数为上海市市属高校,毕业生就业市场主要在长三角地区,该地区经济较为发达,就业机会相对充裕,在积累了一定实习、求职经验后,毕业生能在不太长的时间内找到工作。而"尚未就业"的毕业生求职意愿不强,宁愿多花1年甚至更长时间待业准备。

"慢就业"毕业生中"暂无收入"群体占比较高,原因在于他们选择脱产考研或备考公务员、事业单位等。在有就业收入的群体中,应用研究型高校毕业生的收入差距较大,应用技术型高校毕业生收入分布为渐进递增型,应用技能型高校毕业生收入情况则呈正态分布。

（二）不同学历"慢就业"毕业生状况差异较大

不同学历"慢就业"毕业生求职耗时的差异不大，但薪资水平差异较明显，硕、博士研究生"慢就业"毕业生中薪资7 000元以上的人数明显高于本、专科生。因此，在关注"慢就业"群体时，要尤为关注低学历层次的毕业生。

研究型高校中"慢就业"毕业生对就业现状满意度较高，应用型高校毕业生对当前状态自我感觉"一般"的人群占比最高，"较满意"的人群占比排第二，回答"满意"的人群比例最低，其余指标之间略有差异。

（三）在校实习实践次数影响就业进程

"慢就业"毕业生在校实习实践经历的数量与求职耗时有反向相关关系，在校实习次数越多的毕业生求职耗时越短，越容易找到工作；且随着校外实习、就业经历的增加，毕业生薪资收入水平也会相应增加。

（四）不同群体对"慢就业"看法不同

调研发现，高校教师群体对大学生"慢就业"最紧张和敏感，"不赞成"的比例最高；用人单位大多数持中立立场；高校大学生对"慢就业"的理解包容度最高。

高校教师群体对大学生"慢就业"的时长容忍度最低，80%以上的高校教师认为学生应该在离校前解决就业问题；作为人力资本需求方的用人单位对此表现较为"中立"，约60%的单位允许毕业生离校半年进行择业和思考；作为人力资本供给方的高校学生,对"慢就业"时长最"宽容",往往容易忽视求职择业的时间成本。

从"慢就业"影响因素来看,学生本人、高校教师和用人单位三个群体都认为影响"慢就业"的因素涉及社会、个人、家庭和学校四个方面,其中大学生群体认为社会原因最为主要,高校教师和用人单位认为主要原因在学生个人。

三、对策建议

(1) 精准画像,解决毕业生职业规划发展的不同需求。高校可从个性特点、专业优势、就业能力、支持资源四个维度精准画像,帮助毕业生制定更好的职业规划。

(2) 强化实习,让大学生在实干中实现自我觉察和生涯成长。高校应引导大学生根据兴趣特长,及早开展自主式实习,并加强中低年级阶段专业实习环节的安排。

(3) 合力育人,发挥用人单位、家庭、社会机构等在就业促进中的作用。生涯教育应聚焦问题精准发力,实现多方协同合力育人。

(4) 持续关怀,帮助毕业生找到个体的独特发展形式。高校要重点关注消极被动的"慢就业"群体,给予政策、资金和就业机会方面的帮助。对于主动型"慢就业"群体,高校可以鼓励其保持积极平和心态,发挥自身最大的价值。

附件 1

大学生就业状况调查（学生）

亲爱的同学：

　　感谢您参加本次调查！本问卷旨在调研大学生的就业认知和现状，调查采用无记名方式，会对您的信息严格保密，调查结果仅用于学术研究，请根据您的真实情况作答！感谢您的配合！

上海立信会计金融学院

大学生就业状况调查课题组

2022 年 6 月

一、基本信息

1. 您就读的学校是？（单选题）

    ○ 上海对外经贸大学

    ○ 上海师范大学

    ○ 上海立信会计金融学院

    ○ 上海商学院

    ○ 上海政法学院

    ○ 上海旅游高等专科学校

    ○ 上海思博职业技术学院

    ○ 上海工程技术大学

    ○ 上海应用技术大学

2. 您的性别是？（单选题）
   ○ 男
   ○ 女

3. 您的专业是？（单选题）
   ○ 理、工类
   ○ 文、史、哲、法类
   ○ 经管、教育类
   ○ 艺术、体育类
   ○ 其他

4. 您的学历是？（单选题）
   ○ 专科
   ○ 本科
   ○ 硕士研究生
   ○ 博士研究生

5. 您所在家庭的经济状况是？（单选题）
   ○ 较差
   ○ 一般
   ○ 良好
   ○ 优渥

6. 您的身份是？（单选题，选择第1项的跳转到第11题）
   ○ 一至三年级在校生
   ○ 2022届毕业生
   ○ 2021届毕业生
   ○ 2020届毕业生

二、就业现状与态度

7. 您现在的状态是？（单选题）

    ○ 准备技能证书考试

    ○ 准备考研（含再次考研）

    ○ 持续求职

    ○ 备考公务员或事业单位

    ○ 已入职

    ○ 没计划

8. 您用了多长时间找到工作？（单选题）

    ○ 3 个月以内

    ○ 3~6 个月

    ○ 6~12 个月

    ○ 1 年以上

    ○ 尚未就业

9. 您现在的月平均收入是（税前）？（单选题）

    ○ 低于 3 000 元

    ○ 3 000~5 000 元

    ○ 5 000~7 000 元

    ○ 7 000 元以上

    ○ 暂无收入

10. 您对现在的生活状况满意吗？（单选题）

    ○ 不太满意

    ○ 一般

○ 较满意

○ 满意

11. 您对大学生毕业后延缓就业现象的态度是?（单选题）

○ 不赞成

○ 中立

○ 能理解

12. 您认识的同学中有几位延缓就业的毕业生?（单选题）

○ 0 个

○ 1~2 个

○ 3~5 个

○ 6 个及以上

13. 关于择业，您优先考虑的因素是什么？（多选题，可选 3 项）

○ 薪资福利

○ 岗位发展前景

○ 就业区域

○ 企业氛围和人际关系

○ 工作稳定性

○ 个人职业发展

○ 兴趣

14. 您能接受毕业生离校后延缓就业的最长时间是?（单选题）

○ 不能接受

○ 0~3 个月

○ 3~6 个月

○ 6~12 个月

○ 1 年以上

三、大学生延缓就业的原因

请您对以下大学生延缓就业现象可能的原因按照重要程度进行打分。（1 分代表影响很小，5 分代表影响重大，评分从 1 分至 5 分代表影响程度递增）

15. 社会层面的影响因素

序号	题目	1	2	3	4	5
1	就业竞争激烈，没有合适的岗位					
2	用工需求提高，所在学校学历没有明显优势					
3	社会经济转型，岗位需求缩减					
4	国家对就业、创业政策的扶持力度不够					
5	社会对非传统的就业观念更加包容					
6	新型冠状病毒感染的影响					

16. 学校层面的影响因素

序号	题目	1	2	3	4	5
1	班级内求职氛围不浓厚					
2	学校就业指导质量有限					
3	校招企业岗位数量不够					

(续表)

序号	题目	1	2	3	4	5
4	校招企业与学生就业期望有偏差					
5	学校人才培养方案与社会需求不匹配					
6	专业导师对学生职业成长缺乏指导					

17. 家庭层面的影响因素

序号	题目	1	2	3	4	5
1	家庭经济基础为延缓就业提供物质保障					
2	毕业生无需承担家庭经济压力					
3	家庭对公务员、事业单位等特定岗位或行业有偏好					
4	父母对孩子的就业选择更加包容					
5	家庭教育对孩子职业成长缺乏指导					
6	父母对孩子就业岗位存在宁缺毋滥的想法					

18. 个人层面的影响因素

序号	题目	1	2	3	4	5
1	就业能力不足,未作好就业准备					
2	早期职业规划不清晰,职业目标定位晚					
3	过于强调自我认知,缺乏对现实就业形势的理性认知					
4	职业期望较高,不愿将就					
5	想从事自由职业或尝试创业					
6	求职信心不足					

四、应对策略

19. 请问您最早的一份实习开始于什么时候？（单选题）

○ 一年级

○ 二年级

○ 三年级

○ 本科四年级及之后

○ 尚无实习经历

20. 迄今为止您有（　　）次校外企事业单位的实习或就业经历？（单选题）

○ 0次

○ 1次

○ 2～3次

○ 4次及以上

21. 您目前接触的校内职业规划和就业指导内容有哪些？（多选，可选3项）

○ 职业规划讲座与课程

○ 就业形势分析、就业政策解读

○ 就业心理辅导

○ 求职技能辅导

○ 职业素养培养

○ 创业辅导

○ 其他，如_____

22. 您觉得以下哪些内容有助于解决大学生就业延缓现象？（多选，可选3项）

○ 减少学历歧视，增加更多就业机会

○ 出台更多切实可行的就业创业扶持政策

○ 增加专业教师对学生的指导力度

○ 增强校企交流，提供更多高质量就业岗位

○ 提供更多专业对口的实习实践机会

○ 开展良好的职业生涯规划

○ 进行专项训练，提高职业素养和就业能力

○ 加强家庭对毕业生就业选择的支持和认可

附件2

大学生就业状况调查（用人单位）

尊敬的用人单位：

感谢您百忙之中填写本问卷！本问卷旨在从单位用人需求角度调研大学生的就业现状，调查采用无记名方式，会对您的信息严格保密，调查结果仅用于学术研究，请根据您的真实情况作答！感谢您的配合！

上海立信会计金融学院

大学生就业状况课题组

2022年6月

1. 贵单位性质是?(单选题)

    ○ 国有企业

    ○ 民营企业

    ○ 外资或合资企业

    ○ 政府部门

    ○ 事业单位

    ○ 其他

2. 贵单位所属的行业是?(单选题)

    ○ 金融保险业

    ○ 商务服务业

    ○ 信息技术业

    ○ 制造业

    ○ 零售业

    ○ 教育业

    ○ 其他

3. 贵单位在招聘的时候更倾向何种层次的学生?(单选题)

    ○ 一流大学建设高校毕业生

    ○ 一流学科建设高校毕业生

    ○ 非"双一流"高校毕业生

    ○ 高职高专毕业生

4. 贵单位在招聘的时候更倾向于哪种类型的学生?(单选题)

○ 应届毕业生，无实习经历

○ 应届毕业生，有实习经历

○ 往届毕业生，有实习经历

○ 往届毕业生，有完整工作经历

5. 贵单位在招聘的时候对专业技能证书的要求是？（单选题）

○ 不太看重

○ 一般

○ 比较看重

○ 很看重

6. 贵单位能接受的毕业生离校待业的最长时间是？（单选题）

○ 不能接受

○ 0～3 个月

○ 3～6 个月

○ 6～12 个月

○ 1 年以上

7. 您对大学生"慢就业"现象的态度是？（单选题）

○ 不赞成

○ 中立

○ 能理解

8. 当前，部分大学生存在"慢就业"现象，以下是一些可能的原因，请按照程度进行评分。（1 分代表影响很小，

5 分代表影响重大，评分从 1 分至 5 分代表影响程度递增）

序号	题目	1	2	3	4	5
1	就业竞争激烈，好岗位少					
2	受国家考研升学、考公等政策影响					
3	用工需求提高，所在学校学历没有明显优势					
4	高校人才培养模式对学生综合能力培养存在不足					
5	学校、用人单位之间沟通与了解不够					
6	就业信息机制不健全，信息渠道不畅通					
7	毕业生定位不准，期望值过高，择业挑剔					
8	毕业生自身职业能力欠缺，缺乏工作经验					
9	家庭条件良好，学生不急于就业					
10	新型冠状病毒感染对就业带来影响					

9. 您认为帮助大学生高质量充分就业的关键途径是？（多选题，限选 3 项）

○ 良好的经济环境

○ 学校高水平的人才培养质量

○ 大学生个人良好的职业生涯规划

○ 家庭对毕业生就业选择的支持和认可

○ 毕业生健康的择业观和求职心态

○ 毕业生较强的职业素养

○ 校企交流，给予毕业生更多实习实践机会

附件 3

大学生就业状况调查（教师）

尊敬的老师：

感谢您参加本次问卷调查！本问卷旨在调研大学生关于"慢就业"的认知和现状，调查采用无记名方式，会对您的信息严格保密，调查结果仅用于学术研究，请根据您的真实情况作答！感谢您的配合！

上海立信会计金融学院

大学生就业状况调查课题组

2022 年 6 月

1. 您的身份是？（单选题）

    ○ 专业教师

    ○ 其他行政人员

    ○ 就业中心工作老师

    ○ 学院学生就业工作相关教师

    ○ 其他高校工作人员

2. 您所工作的学校类型是？（单选题）

    ○ 应用研究型高校

    ○ 应用技术型高校

    ○ 应用技能型高校

3. 您是否了解"慢就业"一词？（单选题）

    ○ 非常了解

○ 比较了解

○ 一般了解

○ 不太了解

○ 非常不了解

4. 您认为您所在高校的毕业生就业总体形势如何？（单选题）

○ 形势非常好

○ 形势比较好

○ 形势一般

○ 形势比较严峻

○ 形势非常严峻

5. 您对大学生"慢就业"现象的态度是？（单选题）

○ 不赞成

○ 中立

○ 能理解

6. 您能接受大学生待业的时长是多久？（单选题）

○ 不能接受

○ 0~3个月

○ 3~6个月

○ 6~12个月

○ 1年以上

7. 您觉得现在大学生就业的普遍心态是什么？（单选题）

○ 非常焦虑与茫然

○ 比较焦虑与茫然

○ 无所谓，不考虑太多

○ 比较积极主动应对

○ 非常积极主动应对

8. 您认为您所在高校的毕业生"慢就业"比例大致是多少？（单选题）

○ 0～20%

○ 20%～40%

○ 40%～60%

○ 60%～80%

○ 80%～100%

9. 您身边如有"慢就业"学生，他们多如何选择？（多选）

○ 支教

○ 考事业单位或公务员

○ 旅游

○ 考察市场，为将来创业作准备

○ 在家陪父母

○ 考研

○ 其他

10. 您觉得大学生为何会选择"慢就业"？（多选）

○ 竞争太激烈，找不到满意的工作

○ 有自己的梦想，可以凭自己闯出一片天地

○ 家庭给予充分的支持，不着急找工作

○ 逃避就业压力，对前途一片茫然

○ 谨慎就业，慢慢考虑人生道路

○ 其他

11. 据您了解，您所在高校开展生涯教育的形式有哪些？（多选）

○ 教师讲授

○ 名人讲座

○ 现场模拟、与职业人士交流

○ 网络课程

○ 带领学生到企业参观

○ 举办专题讨论会

○ 其他

附件 4

访谈提纲（"慢就业"毕业生）

1. 能简要介绍一下自己吗，如学校、学历、专业、就业现状和薪资水平等情况？

2. 您知道"慢就业"这个词吗？您是如何看待毕业生"慢就业"的？

3. 您为什么会选择"慢就业"？如果可以重新选择，您是否还会如此选择？

4. 您家里人是怎么看待您"慢就业"的？他们这么看待的原因是？

5. 您周围有"慢就业"的同学或亲友吗？他们的现状如何，如收入来源，薪资状况？他们对自己的状况还满意吗？

6. 您求职花费了多少时间？您能接受的"慢就业"最长时间是？原因是？

7. 您觉得学历、学校类别、专业差异这些因素会影响"慢就业"吗？

8. 您大学阶段有过实习经历吗？有几段？您觉得参加实习对就业有帮助吗？

9. 您觉得毕业生"慢就业"还会受到哪些因素的影响？

附件 5

访谈提纲（高校教师）

1. 能简要介绍一下自己吗？您觉得所在学校每年"慢就业"毕业生的比例大概有多少？

2. 您是如何看待毕业生"慢就业"的？在您看来，毕业生"慢就业"会产生哪些后果？

3. 您能接受的毕业生"慢就业"最长时间是？为什么？

4. 您觉得毕业生"慢就业"会受到哪些积极或消极因素的影响，如来自社会、家庭、学校和个人等方面的因素？

5. 贵校采取了哪些措施来应对毕业生"慢就业"现象？

后　记

本书的最后一个章节完成之时，窗外的梧桐树已悄然染上秋色。作为本书的著者，我们既深感使命之重，亦满怀欣慰。本书的诞生，源于我们对大学生职业生涯教育的长期关注，更源于对新时代背景下青年成长与社会需求深度融合的思考。在此，谨以数言，略表心路。

当今世界正经历百年未有之大变局，科技革命重塑产业格局，多元价值观冲击传统职业认知，而大学生群体亦面临从"求职就业"到"终身发展"、从"被动适应"到"主动创造"的转型挑战。本书立足于新时代"教育、科技、人才"三位一体战略布局，紧扣国家发展转型与历史进程演进的时代命题，以"为党育人、为国育才"为根本遵循，以系统性、前瞻性的视角，帮助青年学子在发展变化的环境中锚定方向，在变革中培育核心竞争力。我们尝试构建"理论基础—价值导向—实证研究—靶向应用"的融合框架，既强调职业价值观的塑造，亦注重学术探索与育人实践的贯通，力求在理论与实践之间架起一座桥梁。

后 记

感谢上海多所兄弟院校的同仁们,十余次专题研讨会上激烈的思想碰撞,让本书的理论框架日臻完善;感谢参与实证调研的百余家企业的人力资源部门工作人员与高校校友,你们提供的鲜活数据为案例注入了生命力,让读者真切感受到职业生涯教育重构的重要性;感谢每一位在课程教学、职业咨询中探索实践、坦诚反馈的师生,你们的困惑与突破成就了本书,也时刻提醒我们必须"坚持扎根中国大地办教育";感谢"序伦财经文库"学术专著出版项目的大力支持,为本书提供了专业的学术指导和方向,使研究成果得以系统提升;特别致谢全国普通高校毕业生就业创业指导委员会专家朱建弟,他对青年成长真挚关怀、对学术公益热忱支持,以学者兼实践者的双重视角为本书注入了独特的现实关切。在此,一并表示感谢!

职业生涯教育不是静态的知识传授,而是动态的成长陪伴。随着人工智能技术对职业形态的冲击、无边界工作对雇佣关系的重构,本书倡导的"终身学习"等理念或将面临新的诠释。我们期待更多教育工作者加入这一领域的深耕:在课堂中融入 AI 模拟面试、元宇宙职业体验等前沿手段;在校园外推动"政府—高校—行业—企业"协同育人机制;更重要的是,始终以"唤醒学生主体性"为根本,让职业生涯教育成为点燃生命潜能的火种。

从前我们以为生涯规划是"画一条直线走到终点",现在发现,它更像是"掌舵于浪涌之间""学会与风对话"。我们最大的心愿便是本书能为青年学子的航程增添一丝笃定，为职业生涯教育工作者提供一方思考的棱镜。未来已来，愿我们始终以热爱生涯教育之心与时代乘风同行。

著者

2024 年 11 月